蔦屋重三郎

江戸の反骨メディア王

増田晶文

新潮選書

前書き

蔦屋重三郎（寛延三年〜寛政九年／一七五〇〜九七）の仕事を理解するなら、彼をぐぐっと現代へ引き寄せるといい。

そうすることで、江戸の庶民から「蔦重」と愛称で呼ばれた本屋のリアリティが格段に増してくる。寛延（一七四八〜五一）から寛政（一七八九〜一八〇一）に生きた彼の今日性の高さに驚くことだろう。

蔦重ほどカタカナ業種がぴったりくる江戸人は珍しい。

蔦重はパブリッシャーとエディターを兼務し、大ヒットやベストセラーを連発してみせた。その辣腕ぶりを支えたのはプランナーとしての才知であり、戯作者や絵師の可能性を引き出すディレクション能力に他ならない。

スカウトとしての眼力だってたいしたものだ。

喜多川歌麿、東洲斎写楽の画業は蔦重の存在なしに考えられない。勝川春朗と名乗っていた、若き日の葛飾北斎にも眼をかけていた。戯作の山東京伝、狂歌なら大田《おおた》南畝《なんぽ》（蜀山人、四方赤《よものあか》良《ら》）らしかり。曲亭馬琴と十返舎一九が蔦重のもとで働き、初期作品を世に出してもらっていたことだって見過ごすわけにはいかない。

蔦重のアイディアを満載した出版物が江戸を席巻した。

狂歌集、黄表紙、洒落本などで話題作が続出、美人画や役者絵の大首絵は浮世絵のメインストリームに躍り出る。江戸の音楽シーンを代表する浄瑠璃、とりわけ安永期（一七七二〜八一）に人気を博した富本節の詞章を写した版本は引っ張りだこに。

蔦重がオーナーだった書肆《しょし》「耕書堂」は大繁盛、江戸の名所に数えられるまでになった。

しかし、彼は鼻もちならぬスノッブではない。

守銭奴に堕さなかったことは、蔦重を語るうえで大事なキーポイントだ。

彼はパトロンとして江戸の文化サロンを支えてみせた。狂歌壇ともいうべきグループはその好例、狂歌師たちは蔦重のキモいりで集まり、蔦重の〝ゴチ〟で飲み食いし遊女を抱きもした。

蔦重は若手への援助も惜しんでいない。無名だった歌麿を居候させ、衣食住どころか〝遊〟まで面倒をみてやっている。

こうした人材ネットワークが、蔦重を江戸のメディア王に押し上げる源泉となった。

蔦重はデベロッパーでもあった。

彼は吉原で生まれている。数え八歳で父母が離縁、以降は引手茶屋を営む叔父に育てられた。

蔦重の最初の書舗は吉原大門の近くにあった。

蔦重はホームグラウンドの吉原に新しい価値を付加しようと企てる。

吉原は江戸唯一の官許の遊郭、一日千両もの大金が落ちるといわれるほど繁盛していた。この不夜城の主役は遊女に他ならない。とりわけ高級遊女は美貌ばかりか歌舞音曲から詩歌、書にいたるまで教養を修めた高嶺の花。衣装や化粧、小物などはオシャレなうえ贅を凝らしていた。

蔦重はまずタウンガイド「吉原細見」のデザインを刷新、そこに充実した遊郭や遊女のデータを満載させ注目度を高めた。次いで、遊女のファッション性を大いに喧伝する。これに男客どころか娘たちが飛びついた。遊女の身につけるものがトレンドとなり、吉原は性の歓楽街だけでなくスタイリッシュな情報発信基地として認知される。

現代のSNSの役割を出版物が担い、遊女はインフルエンサー役をあてがわれたわけだ。

蔦重の注力で江戸の出版物のコンセプトが大きく変貌した。

その代表例が挿絵を各ページ全面にレイアウトし文章を添えた草双紙だ。当初は赤本、黒本、青本などと呼ばれ、内容が浅薄なうえ、子ども向けのおとぎ話も少なくなかった。

そんな草双紙の世界観を根底から覆したのが安永四（一七七五）年刊行の『金々先生栄花夢《きんきんせんせいえいがのゆめ》』だった。作者の恋川春町《こいかわはるまち》は作品の随所に世相を反映させ、滑稽や諧謔、洒落をちりばめた。

本作は表紙の色から黄表紙と呼ばれ、大人が愉しめる娯楽として注目を集める。

黄表紙はマンガの原型とみることができるし、ライトノベルの始祖ともいえよう。

機をみるに敏な蔦重が黄表紙を放っておくわけがない。春町は狂歌壇の有力メンバーだった。

蔦重は春町だけでなく、同じく狂歌グループに所属する朋誠堂喜三二《ほうせいどうきさんじ》、山東京伝らの戯作者、北尾重政やその弟子の政美（後の鍬形蕙斎）といった絵師を取り込む。

蔦重の手掛けた黄表紙はナンセンスな笑いに包まれていながら、文と絵が高いレベルで拮抗し、政治批判や諷刺の毒が効いている。江戸の衆はこぞって耕書堂刊行の評判作を手にとった。

蔦重のアンテナは常に江戸の庶民へ向けられていた。

蔦重が飛ぶ鳥を落とす勢いだった天明期（一七八一～八九）、政治の実権は田沼意次にあった。田沼は商業資本を活用して貿易振興、蝦夷地開拓、専売制など産業拡充を実現させる。諸色高直のインフレ経済ながら民の懐もふくらんだ。

狂歌師の乱痴気ぶりは、当世のスラングの〝パリピ〟と変わりない。吉原でのお大尽（大富豪）の豪遊ぶり、遊女の絢爛豪華な振る舞いは摺り物を通じて世間の知るところとなる。江戸の衆はたちまち触発された。男女ともオシャレに余念がなく、美食に走った。ペットブームもあった。

しかし、田沼のもとで贈収賄がまかり通ったのは周知のこと。幾度となく天災、飢饉、疫病の猛威にさらされもした。昭和末期から平成初期のバブル景気に平成の天災や異常気象、令和のコロナ禍などを重ねれば、田沼時代が身近に感じられよう。

蔦重の出版物は時代の合わせ鏡、そんなこんなの世相をことごとくすくいあげた。

田沼の失脚と松平定信の老中就任により政治の潮目は激変する。

蔦重は反骨ぶりを発揮し、綱紀粛正に走った「寛政の改革」を徹底的にあげつらった。強力な武器になったのは春町、喜三二に京伝といった掌中の戯作者たちだ。春町と喜三二の黄表紙は倹約、文武奨励の施策を徹底的に笑いのめす。京伝は吉原を舞台とする洒落本でも手腕を発揮した。

戯作を貫く「通と半可通」「粋に野暮」「張り」「穿ち」は江戸っ子ならではの価値観であり、遊里で発達した生活理念でもあった。

地味に堅実に暮らせ――幕府の指針に蔦重はことごとく盾突く。江戸の民は彼に喝采を送った。しかし、御上が彼を見逃すわけがない。

寛政三（一七九一）年、京伝の洒落本三部作が発禁処分を受け、手鎖五十日の刑に処された。春町、喜三二たちは弾圧に屈して筆を折る。彼らのフィクサーたる蔦重にいたっては財産の半分没収という厳罰を喰らった。

それでも蔦重はめげない。お茶屋の看板娘をモデルに起用、歌麿に絵筆を執らせ市井から一躍アイドル誕生という派手なことをしでかした。歌麿はほどなく美人画の泰斗として君臨する。

蔦重は美人画ブームに満足せず役者絵にも挑んだ。

寛政六年に一挙刊行した大判黒雲母《きら》摺り役者大首絵二十八点がそれだ。

絵師にはまったく無名の東洲斎写楽を起用した。刊行点数の多さはもちろん、写楽の描くデフォルメされた表情、バランスを欠く構図に江戸の人々は度肝を抜かれた。しかも写楽は衝撃的なデビューから一年もせぬうちに姿を消してしまう。今もって写楽をめぐる謎は多いうえ、彼の役者絵が放つ異様な迫力は人々を魅了してやまない。

蔦重は起死回生の途上にありながら、寛政九年に逝ってしまう。

享年四十八、江戸患い（脚気）に倒れた。子宝に恵まれなかった彼の身代は番頭が継いだものの、やはり蔦重の栄華に及ぶべくもなかった。いや、その後も彼ほどの業績を残せた出版業者は出現していない。

そんな蔦重が再評価されつつある。かくいう私も時代小説『稀代の本屋　蔦屋重三郎』（草思社）で彼と戯作者、絵師たちとの交流を描いた。蔦重は他にも映画や小説の主要人物としてたびたび登場している。令和七（二〇二五）年のNHK大河ドラマ「べらぼう」の主人公にも抜擢された。人気俳優の横浜流星が蔦重を演じる。江戸のメディア王の面目躍如というべきだろう。

私が蔦重を知ったのは平成二十三（二〇一一）年頃、雑誌に江戸の艶本や浮世絵などの記事を書いたことがきっかけだった。参考書物を開き、研究者を訪ねるたびに蔦重の名が出てくる。浮世絵研究家の白倉敬彦氏から、ていねいなご教示を賜ったのもいい思い出だ。おかげで蔦重への興味は募るばかり。戯作や江戸の出版関連の本を渉猟したり、浮世絵展に足を運んだりするのが愉しみとなった。前述した蔦重の評伝という側面を持つ小説を著したのも、かような流れに沿ったものだ。

本書ではそういった、これまでの見聞や取材メモ、書籍、資料などをフルに活用させていただいた。

これから蔦屋重三郎の発想と手法、業績を振り返りたい。

蔦屋重三郎　江戸の反骨メディア王

＊

目次

蔦屋重三郎　江戸の反骨メディア王

第一章　貸本屋から「吉原細見」の独占出版へ

店先に吊るされた錦絵がひらひらと揺れる。

芝居絵や相撲絵に花魁の姿絵などが並ぶなか、やはり眼を引くのは花魁の艶姿だ。

浮世絵に描かれた遊女は、結いあげた島田髷《しまだまげ》に何本ものきらびやかな簪《かんざし》を挿している。贅沢な錦繍《きんしゅう》の着物と、前で大きく結んだ俎板帯《まないたおび》も女房や娘たちの垂涎の的となろう。そして、ぞろりと長い裾からチラリ、白い足が覗く。これには、男どもが思わず鼻の下を伸ばしてしまう。

棚に並べられたのは、各ページに挿画を大きくレイアウトした草双紙という娯楽本。絵双紙や絵草紙とも呼ばれている。あるいは表紙の色にちなんで赤本、黒本、青本とも。

これらは紙、印刷とも粗雑なうえ内容だって高尚とはいえない。仏教や神道、儒教の本、学問書に歌書などの書物とはしょせん別ジャンル、一時の暇つぶしに供するのに最適な摺り物だった。それでも江戸という大都会では草双紙の需要がかなり高い。繁盛する本屋は何軒もあった。

蔦屋重三郎がひらいた最初の本屋でも浮世絵と草双紙をメインに扱っていた。

ただし、親戚の軒先の一画を間借りしているので、佇まいは慎ましやか。当然、スペースに比例して商いの規模も小さい。だからこそ、重三郎は日がな一日、店番をしているわけにはいかなかった。いつくるか知れぬ客を相手に、ちまちまと商売していては賃料さえ払えない。

重三郎は葛籠《つづら》を積み重ねた荷を背負って出掛けていく。葛籠の中にはぎっしりと貸本が詰まっている。種々の本を担いで得意先を回るのだ。

重三郎は店の前の緩やかな勾配を下る。

この坂道は、遊び人たちが身づくろいをすることから「衣紋坂《えもんざか》」の名がつけられた。距離にしてわずか五十間（約九十メートル）ほどながら、三曲がりにくねる坂の両脇には茶屋をはじめ商店がひしめいていた。衣紋坂を下れば、すぐ吉原の大門にいたる。

黒塗りの冠木門を潜ると、そこは吉原。重三郎はこの町で本屋としての地歩を固めていく――。

「つたのからまる」

蔦屋重三郎は寛延三（一七五〇）年に吉原で生まれた。

松の内が明けようかという正月七日のことだった。父は尾張出身の丸山重助、母が広瀬津与で江戸の人だ。両親は一子を「柯理」と名付ける。柯理は諱《いみな》つまり名乗り名であり、通り名を重三郎という。

柯理は「かり」とも読むけれど、やはりここは「からまる」と呼びたい。後述するが、重三郎は狂歌をこしらえる時に「蔦唐丸《つたのからまる》」というペンネームを用いていた。

いわずもがな「蔦が絡まる」に掛けているわけで、そこに実名もダブルミーニングされていると解釈するほうが、重三郎の真情や茶目っ気に沿っているのではないか。

宝暦七（一七五七）年、父母が離婚した。重三郎は数えで八つだった。幼子は親戚に預けられる。養父の姓は喜多川といい、吉原で「蔦屋」の商号を掲げていた。

――だが、これ以外の彼の幼児期の足跡はわかっていない。親の生業、兄弟姉妹があったかすら不明。そもそも、重三郎の前半生を語る資料が欠如しているのだ。

往時を知る数少ない手立てとして、重三郎の没後に建立された「喜多川柯理墓碣《ぼけつ》銘」、母津与の遺徳を偲んだ「実母顕彰の碑文」がある。

ふたつの碑は重三郎の菩提寺だった浅草の正法寺に戦前まで残っていた。しかし、両方とも関東大震災や太平洋戦争の空襲で焼失してしまう。幸い碑文は雑誌に発表されたり拓本が取られており、おかげで幼少期の重三郎の消息を少しながら知ることができる。

もうひとつ、曲亭馬琴が『吾仏乃記《あがほとけのき》』で重三郎の消息を記してくれた。

後述するが、馬琴は戯作者として大成する前、一時期ながら重三郎のもとで働いていたことがある。馬琴は重三郎の養父を叔父だと書き残した。

「新吉原仲の町なる、七軒第一の茶屋にて。其家頗《すこぶる》富り」

叔父は吉原にあってかなり羽振りがよかった。重三郎は父母の懐で育つことは叶わなかったが、親戚に身を寄せたことで経済的な貧窮とは縁遠かったと思われる。

碑文から窺える人柄

先に紹介したふたつの碑文に重三郎の人となりが刻されている。

母の顕彰の筆を執ったのは大田南畝、墓碣銘は石川雅望《まさもち》が起草した。石川は宿屋飯盛《やどやのめしもり》、大田も四方赤良を名乗った手練れの狂歌師、江戸を代表する書肆となる重三郎と深い誼《よしみ》を通じた文人に他ならない。

まず墓碣銘から引こう。

「為人志気英邁　不修細節　接人以信（中略）其巧思妙算　非他人所能及也」

（事をなす意気込み、抜きんでた才知。細かなことを気にせず、信をもって人と接した。創意工夫と秀逸なる企て、蔦屋重三郎のほかにこのような人物はいない）

重三郎と縁の深かった人物が悪口を書き散らすわけはない。文章は幾分か割り引くべきだが、それでも重三郎のポジティブでアイディア豊富なクリエイティビティ、太っ腹のうえ人情家という横顔が垣間みえてくる。

南畝も母によせて重三郎のことを記している。

「子之志不渝則蓋足以観母氏之遺教矣」

（重三郎の節を固く守る強い意志は母の教育のおかげといえよう）

重三郎は翳のある性格だったり、底意地の悪い人物ではなかったようだ。

＊

実母は寛政四（一七九二）年十月二十六日、重三郎が四十三歳のときに亡くなった。

墓碣銘には「重三郎が日本橋通油町に進出して書肆を開いた際に父母を呼び寄せ、一緒に暮らした」とある。なかなかの孝行息子といえよう。それに、養子に出された後も両親と何らかの形で連絡をとっていたと推測できる。

しかし、母はともかく実父の姿はおぼろげだ。重三郎は実父のためには碑どころか一片の追想すら残していない。離婚や養子に出されたことを含め、何か含むところがあったのか……。

これが、墓碣銘でその人となりを「志気英邁　不修細節　接人以信　其巧思妙算」と称賛された重三郎の隠された一面なら、それはそれで興味深い。反対に母への強い思慕も特筆に値しよう。

ポッカリと抜け落ちてしまっている前半生――江戸随一の本屋へと駆けあがっていった蔦屋重三郎の少年期の胸のうち――について、想像をたくましくしてみるのも、彼の生涯をたどるうえでの愉しみとなろう。

遊女ガイドブック

重三郎が出版にかかわったのは、安永二（一七七三）年秋に板行（版木で印刷して発行すること）した『這嬋観玉盤《このふみづき》』が嚆矢となる。続いて翌年正月には『細見嗚呼御江戸《さいけんああおえど》』が出た。いずれも「吉原細見」だった。とりわけ『細見嗚呼御江戸』の奥付には「細見改《あらため》」そして「取次」として「新吉原五十間左りかわ　蔦屋重三郎」と明記されている。

ちょっと大げさだけど、蔦屋重三郎がいよいよ江戸の出版業界にデビューしたわけだ。

安永二年といえば、重三郎は二十四歳になっている。

当時の本屋が多色摺りの浮世絵（錦絵）と、見開きいっぱいに挿画をレイアウトした草双紙をメイン商品にしていたことは前述した。

これらに伍して江戸の本屋に欠かせぬ主力アイテムだったのが吉原細見だ。

吉原細見は遊郭の最新データを満載したガイドブックに他ならない（京の島原や大坂の新町など名だたる遊郭にも細見がある）。

基本、正月と秋（文月＝七月）以降の二回、開板された。内容は妓楼や茶屋、船宿などの場所を記したタウンマップであり、遊女たちの名前、揚げ代のほか男女の芸者を網羅したリストでもあった。

細見が両方を兼ねたタウンガイドである以上、内容は最新かつ詳細、正確であることが求められる。それだけに、重三郎が『細見嗚呼御江戸』で取次業務を請け負うだけでなく「細見改」も兼務している点を見逃してはいけない。細見改は改所《あらためどころ》ともいい、廓内の情報を収集する重要な役割を担っていた。細見改の仕事ぶりで吉原ガイドの内容が左右されるだけに、誰でも務まる役職ではない。

しかも『細見嗚呼御江戸』の版元は鱗形屋《うろこがたや》孫兵衛といい、彼が営む「鶴鱗堂」は万治年間（一六五八〜六一）から百年以上もの歴史を誇る老舗だ。当時の鱗形屋は吉原細見の板行を独占していた。

そのお眼鏡にかなったわけだから、若き日の重三郎にすれば得意満面だったはず。現在の出版業界でいえば、有名出版社の人気ガイド本を手掛ける編集プロダクションというところだろう。

＊

重三郎が細見改に選ばれたのには、ふたつの理由がある。

ひとつは親戚筋が吉原で引手茶屋を営んでいたこと。遊郭はもちろん引手茶屋も吉原細見の有力な販売拠点だった。重三郎はそのコネクションをフルに活かしたのだろう。

膨大な江戸戯作コレクターでもあった向井信夫によれば、重三郎が最初にオープンさせた店は、吉原で引手茶屋を営む蔦屋次郎兵衛の軒先だとする。次郎兵衛は重三郎の義兄で、次郎兵衛の茶屋以外にも、吉原には〝蔦屋〟を名乗る茶屋が何軒かあったことが確認されている。重三郎にとって〝蔦屋グループ〟に名を連ねる面々のバックアップは何よりも頼もしい。鱗形屋にしてもそれを無視することは難しかったはずだ。

吉原の粋

吉原の引手茶屋は客と妓楼、遊女を取り持つ中継地点として機能していた。

粋や通を気取る客はいきなり登楼せず、まず茶屋にあがる。茶屋は食事や酒の用意を整え、酒席に幇間や女芸者、芸人を手配した。

だが、引手茶屋は遊女を置かない。客は豪奢な宴席を愉しみながら、好みの遊女を茶屋にリクエストする。茶屋ごとに懇意な有名妓楼があり「この遊女を指名するなら、あの茶屋」という暗黙の了解もあった。

遊女のなかでも最上級の花魁を呼びつければ、妓楼から茶屋まで迎えにきてくれる。この際、上妓は着飾ったうえ、数々のお供を引き連れて「花魁道中」という最高のパフォーマンスを演じてみせた。その壮麗なパレードこそ吉原の、いや江戸の華。茶屋で待つ客はお大尽として下にも置かれぬ扱いを受ける。

花魁を迎えて酒席は最高潮に達し、宴がお開きとなった後でようやく客は遊女と遊郭にしけこむことができた。もちろん妓楼へ向かう復路も賑々《にぎにぎ》しいものになる。

これが吉原のルール、お大尽ともなればカネばかりか、あれこれと手間がかかる。

しかし、そういった出費と時間こそが吉原の粋。ケチケチしたり面倒くさがったりした途端に野暮、無粋の烙印を押されてしまう。江戸っ子にとって野暮呼ばわりされるほどの屈辱はなかった（もっとも、吉原には贅沢な妓楼ばかりが並んでいたわけではない。茶屋経由など必要のない安直な店もたくさんあった）。

貸本業のメリット

ふたつめは、やはり重三郎の機動力と取材力、彼の顔の広さに負うところが大きい。

江戸文学研究者で中央大学教授の鈴木俊幸は『新版　蔦屋重三郎』（平凡社ライブラリー）において、重三郎が江戸屈指の本屋にのし上がっていくまでの「営業の大きな柱は貸本業であった」と推測している。重三郎のビジネスは本章の冒頭に描いたような形でスタートしたのだ。

江戸の貸本屋は、店舗としての本屋に負けない影響力を誇っていた。

吉原界隈はもちろん、長屋どころか武家屋敷にまで風呂敷あるいは葛籠を背負った貸本屋が入り込んでいる。江戸では、こういう貸本のデリバリーシステムができあがっていた。

貸本屋には重三郎のように身ひとつで商いするケースだけでなく、たくさんのスタッフを擁する大手もあった。

草双紙がよりたくさんの人々に借り出されるメリットは計り知れない。

江戸の本は店頭セールスだけでなくレンタルされることで評判を高めていった。

「一冊を百人が読み、百人がそれぞれ十人の知人、友人に本のことを話す。本というヤツは一冊ながら千人力となるんです」、重三郎ならこう嘯いてもおかしくはない。

＊

若き日の蔦屋重三郎、貸本屋としてのテリトリーは吉原——。

日々、くまなく吉原を行き来し、妓楼や茶屋に誼を通じておく。まして遊女たちは重三郎にとって大事な顧客、本を勧め感想をきく合間に世間話もする。こういったビジネストークのおかげで遊女たちの気立てや嗜好までつかんでいたことだろう。それこそ、眼をつむっていても吉原を歩けたし、遊女の顔と名前が一致し、スラスラと諳んじられたのではなかろうか。

肉体をひさぐ女たちの心根や悲哀、さらには妓楼の裏事情までが重三郎の胸に刻まれたはず。これらは、後になって吉原が舞台の作品を開板する際に大きなバックボーンにもなっただろう。

細見を開けば、「私は吉原の生き字引きなんですから」という重三郎の青年らしい強烈な自負と気負いがきこえてきそうだ。

田沼バブルの時代

蔦屋重三郎は吉原という特殊な町で本屋稼業をスタートさせた。

本屋としてのみならず、彼の人生にとっても吉原は切っても切れない重要な存在となる。

そこに寛延から宝暦（一七五一〜六四）、明和（一七六四〜七二）、安永という時代のうねりが重なっていく。

重三郎が誕生した明くる年の寛延四（一七五一）年、八代将軍徳川吉宗が逝去する。

吉宗は延享二（一七四五）年、嫡男家重に将軍職を譲っていたものの、大御所として政治の実権を握っていた。吉宗こそは「享保の改革」の旗振り役、綱紀粛正を掲げ、タガの緩んだ幕政を締め直してみせた。彼は倹約を守り美麗を好まず、浮費を省くことを信条に掲げ、この指針を庶民にも強要してきた。

だが、吉宗逝去で時流は変わる。寛延はわずか三年余で宝暦に改元、質素倹約令は日を追ってなし崩しとなり、窮屈だった日々に別れを告げようという機運が急激に盛り上がった。

さらに宝暦十一（一七六一）年、重三郎が数え十二の時に家重は世を去り家治が将軍職に就く。

家重、家治の時代に凄まじい勢いで頭角を現したのが田沼意次だ。

紀州藩の足軽の子として生まれた田沼は家重の小姓から大名、家治の側用人という異例の出世を遂げ、安永元（一七七二）年に老中にまで駆け上る。

田沼は重商主義を推し進めた。その結果、商人は莫大な富を得て武士をも脅かすほど存在感を増す。世の中は奢侈になびき、江戸の町にもイケイケドンドン、バブリーな風が吹きつける。

吉原でも豪遊する富商が目立つようになってきた。吉原にとっての不遇の時代は終わり、悪所に不夜城の妖しい輝きが戻った。

少年から青年期にかけての重三郎はそんな世情を肌で感じ、つぶさにみつめながら成長する。

元吉原からの移転

吉原は江戸唯一の幕府が公認した売春エリア、町奉行が差配していた。吉原には新と元がある。重三郎が活躍した時代、そして私たちがイメージするのは「新吉原」に他ならない。

「元吉原」は日本橋葺屋町《ふきやちょう》、今の人形町あたりにあった。

三代将軍家光の代になって江戸市街地の都市化は格段に進み、この頃から「お江戸の中心地に遊郭があると風紀が乱れる」という声があがりはじめる。四代家綱治世の明暦二（一六五六）年、江戸町奉行の命令で移転が正式に決まった。

だが、その矢先の明暦三年一月十八～十九日、元吉原は「明暦の大火（振袖火事）」により焼失してしまう。この火難の被害者は十万人といわれ、江戸の町の大半が失われた。江戸城も例外ではなく、本丸や二の丸ばかりか五層六重の天守閣が焼け落ちた。天守閣はその後も再建されることがなかった。

＊

こうした経緯から、吉原は浅草寺の裏手にあたる千束村（台東区千束三丁目から四丁目）へ移

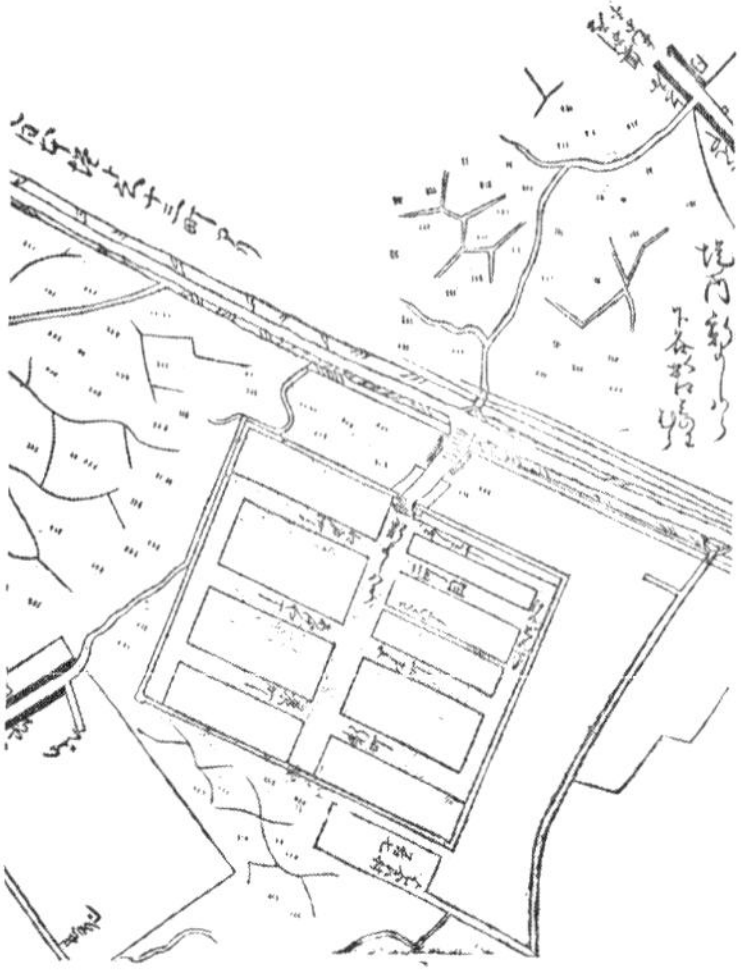

新吉原の地図。大門の前の少し曲がった道が衣紋坂

転となった。

往時の千束村はのどかな田園地帯。江戸の北端に位置したから北国《ほっこく》《きたぐに》とか北里《ほくり》、北洲《ほくしゅう》、北廓《ほっかく》とも呼ばれていた。粋を気取る遊び人、あるいは吉原関係者たちは「さと」（里あるいは郷）とか「丁《ちょう》」「中《なか》」と称している。

さて、江戸の北端に位置する吉原へ赴くには、浅草聖天町《しょうでんちょう》と三《み》ノ輪《わ》を結ぶ日本堤をいくしか方法がない。日本堤は隅田川の氾濫を防ぐために築かれた。およそ十三町（約一・四キロメートル）の一本道の両側いずれも葦簀《よしず》掛けの簡素な店ながら、そのには、吉原の人出をあてこんだ食べ物屋がひしめく。繁盛ぶりはなまなかのものではない。

日本堤の中ほどには枝ぶりも見事な「見返り柳」、そいつを目印に西へ曲がり衣紋坂を下れば吉原は眼と鼻の先。

一夜の悦楽を満喫し帰途に就いた客は、見返り柳で遊女を偲び振り返る……。

新吉原は縦が京間尺の百三十五間、横百八十間の長方形で敷地面積二万八千五百坪だった。約二百六十五・九五×三百五十四・六メートル、約九万四千三百五・八七平方メートルというサイズは、東京ドームの二倍にあたる。

吉原はぐるりと塀と幅五間（約九メートル）の溝で囲ってあった。この溝は「鉄漿《おはぐろ》どぶ」と呼ばれ、遊女が吐き捨てた鉄漿のせいで黒く濁っているといわれていた。

吉原の出入口は北東に構えた大門しかない。

門を入った左には隠密廻りの与力や同心が詰める面番所。ここに役人がいるのは、犯罪者が逃げ込むのを防ぐのと、吉原で発生する事件、事故に対応するためだ。遊郭では無銭飲食から傷害、殺人などなどモメ事が少なくない。

右側には会所、いわゆる四郎兵衛会所がある。こちらでも、吉原ゆかりの面々が人の出入りを見張っている。会所は特に女の出入りに厳しく、町女とわかっていても、いちいち会所が発行する「女切手」という通行証が必要だった。

会所で、ひとりひとりに女切手を渡すという手間をかけたのは、遊女脱走を防ぐ方便に他ならない。男装して会所を潜り抜けようとしても、遊郭勤めの手練れたちが虎視眈々と眼を光らせている以上、容易に脱走はできない。もっとも、大門がダメなら塀を乗りこえ溝を渡るという方法もなくはない。事実、鉄漿どぶには九カ所に跳

吉原の全景を描いた北尾政美『浮絵東都新吉原夕暮之景』。蔦重と鶴屋喜右衛門の合同開板。神奈川県立歴史博物館蔵

ね橋がかかっていた。だが、こいつはあくまで非常用、わざわざ橋を降ろして逃亡するのは至難の業だった。

遊女三千人御免

新吉原で身をひさぐ女の数は、俗に「遊女三千人御免」といわれていた。

重三郎が吉原で過ごした宝暦から安永期には、常時二千から二千二百人ほどの遊び女が働いていた。重三郎の晩年、寛政期には四千人を超えたという記録が残っている。

ただ、吉原に住まうのは遊女や妓楼、茶屋の主、遊郭のマネージャー役をつとめる遣手婆《やりてばばあ》、男性スタッフの若い衆《わかしし》（彼らは年齢にかかわらずこう呼ばれた）だけではない。吉原は遊郭でありながら、ひとつの町として機能していた。庶民も塀で囲まれた中で暮らしていたのだ。

遊女を含めた吉原の人口は一万人近いといわれる。

八百屋や魚屋、髪結い、荒物屋、湯屋、仕出屋など生活に密着した店々があり、医者に大工、左官などさまざまな職人たちも働いていた。芸人、芸者だってこの町の住人だった。ちなみに、前述した「女切手」は吉原に生きる堅気の女たちにも例外なく適用された。

重三郎の本屋は大門の外、衣紋坂にあったものの、彼もまた吉原に暮らす庶民のひとりとみなしてよかろう。そして、吉原の住人は例外なく遊女や遊郭と濃いかかわりをもっていた。もちろん、重三郎も例外ではない。

ランク別で異なる妓楼の店構え

吉原の街区は整然としていた。

メインストリートは北東の大門から一直線に南西端の水道尻《すいどじり》までを貫く「仲の町《ちょう》」、この大通りを中心として五丁町と称される東西の区画に分かれる。

仲の町には引手茶屋が並ぶ。ここは花魁道中をはじめ吉原ならではの数々のアトラクションが行われるイベントスペースでもあった。春先になれば何百本という桜の木が移植され、夜には雪洞《ぼんぼり》を灯すイベントが大人気だった。他にも吉原ではしょっちゅう催事があり、あの手この手で客を呼び込んでいる。

仲の町の西には大門に近いほうから順に江戸町一丁目、揚屋町、京町一丁目。揚屋町は商人街でもあった。東は伏見町、江戸町二丁目、角町《すみちょう》、京町二丁目（新町）という構成になっている。もうひとつ堺町があったが明和五（一七六八）年、重三郎が十九歳のおりに火事となり閉鎖されてしまった。

それぞれの街区には木戸門が設けられ、両サイドに妓楼が軒を連ねた。

妓楼は最高級店の大見世から中見世、小見世の順に格と遊興費が下がっていく。

また、大見世以下は店舗のエクステリアによっても区別されていた。

格子の向こうから遊女が声をかけ、客は格子越しに一夜妻を選ぶ——これは時代劇でお馴染みのシーンになっている。吉原と遊女のイメージと密接に重なる格子を籬《まがき》と呼ぶ。

大見世は店の入口が天井までの高さの格子で総籬《そうまがき》、あるいは人籬と呼ばれている。中見世にな

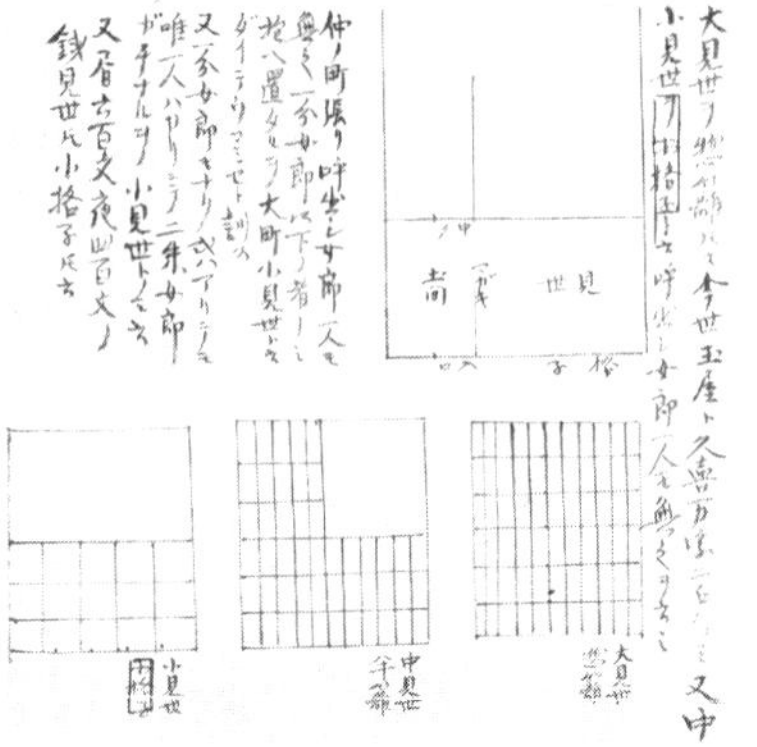

大見世は総籬。中見世は格子の上部が四分の一ほど開いている半籬、小見世は格子が下半分だけで上部は丸見えの惣半籬。『守貞謾稿』巻之二十二。国立国会図書館デジタルコレクション

ると格子の上部が四分の一ほど開けてあり半籬、小見世は格子が下半分だけで上部は丸見えの惣半籬《そうはんまがき》だった。

*

重三郎の青春期、どれだけの数の妓楼があったのかは判然としない。

だが、少し時代の下がった文化八（一八一一）年のことは式亭三馬が『式亭雑記』に記している。それによると――大見世は八軒、中見世が十九軒、そして五十八軒の小見世となっている。

さらに小見世より安価で安直な妓楼もあった。東端の東河岸と羅生門河岸、西端の西河岸がそれで、狭い路地の長屋に二畳ほどしかない店がひしめいていた。これを局見世《つぼねみせ》あるいは切見世《きりみせ》という。局見世では、年季が明けたものの行先のない遊女や病気持ちの遊女が性をひさいでいた。

これだけ大勢の遊女がいて、さまざまな店があっただけに、やはり吉原を堪能するには細見が必携だった。だからこそ、重三郎は緻密な調査と読みやすい工夫を施したのだった。

遊女を挿花に擬して紹介

若き日の蔦屋重三郎は吉原が持つコンテンツに着目した。
往時の一流書肆・鱗形屋のスタッフとして吉原細見にかかわりながら、はやくもオリジナルの出版物を手掛けている。

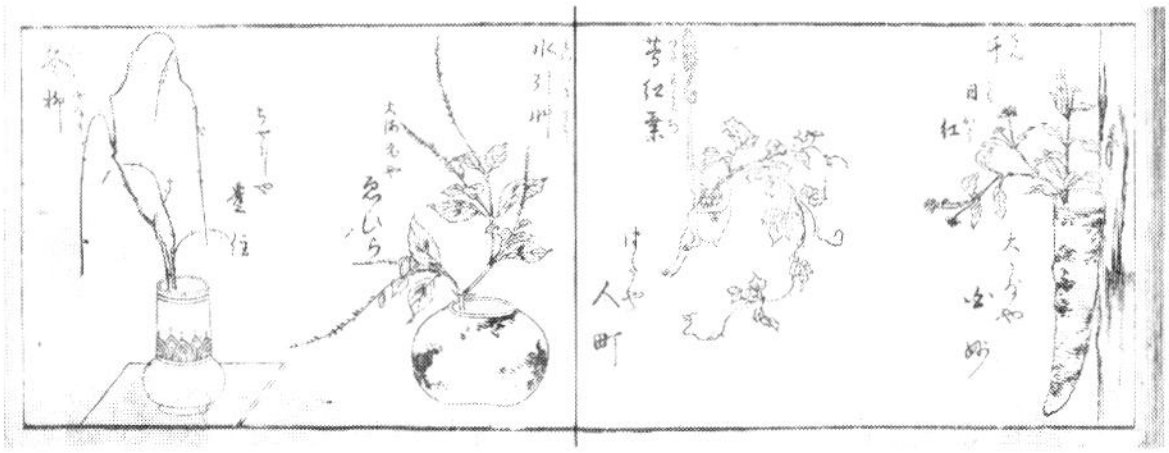

蔦重の初出版物とされる『一目千本花すまい』。大阪大学附属図書館忍頂寺文庫蔵

『一目《ひとめ》千本《せんぼん》花すまい』は重三郎が手掛けた初のオリジナル作品。安永三（一七七四）年七月に刊行された。

内容は絵本仕立ての遊女評判記、ビジュアル重視の遊女リストといえようか。しかし、重三郎はありきたりの遊女名鑑をつくらなかった。彼ならではの工夫や特色が光る。

『一目千本』では遊女を木蓮や山葵などの挿花に擬して紹介している。一輪の花をいかに美しく粋に活けるか。挿花は通人のセンスのみせどころとして、かなり人気が高かった。重三郎はそんなトレンドを取り入れた。

さらに、北尾重政というキャリアに人気、実力とも一、二を争う大物絵師を起用してみせた。重政は、絵師としてスタートした北尾政演《まさのぶ》、後の山東京伝の師匠でもある。

大物絵師重政と駆け出しの本屋だった重三郎の組み合わせ、いかにもミスマッチには違いない。しかし、絵師にとって遊女をテーマにするのは画業の華というべき仕事。絵師が吉原で遊興するのも当然のこと。そこに、重三郎の親戚筋やら細見編纂の際にできたネットワークとコネクションが重なれば、駆け出しの本屋が著名な絵師と出逢うことも不思議ではなくなる。

もっとも『一目千本』がメガヒットを記録した形跡はない。

もともと、一目千本という言葉は、花の名所の吉野で千本桜を一度に見渡せるベストスポットをさしている。重三郎のネーミングもそれを踏まえてのことながら、この本の遊女セレクションはかなり偏っていた。本来なら掲載されるべき花魁が外され、さして有名でもない遊女が名を連ねている。これでは、細見の取材でみせた手腕とはほど遠いといわれても仕方があるまい。

だが、重三郎にも事情があった。何しろ彼はまだ無名の本屋だし資金もない。できる限り損失を抑える工夫が必要だった。

お大尽の財布を開かせて

重三郎は予め資金を募って足が出ない工夫、「入銀」というシステムを用いたはずだ。入銀での開板は自費出版と同義であり、そこに吉原ならではのギミックとメカニズムが関与してくる。

遊女の名前や揚げ代、所属する店は漏れなく吉原細見に記載されていた。でも、それ以上の内容や情報は掲載されない。この点を補充するのが『一目千本』のセールスポイントだった。

おそらく、細見以上の露出を希望する遊女は少なくなかったろう。いや、重三郎が「もっと目立つ絵本を出しませんか」と遊女を掻き口説いた可能性だって高い。吉原の開業まもない零細な本屋は、そこに挿花仕立て、大物絵師起用という斬新な（とんでもない？）アイディアを付加してみせる。プランをきいた遊女たちは膝を詰めてきたことだろう。

「でもね、お上臈さん、こういう絵本をこさえるにはそれなりのお金が必要です」

「そりゃそうでありんしょう……」

重三郎と遊女は自腹を切る気など毛頭もあるはずがない。ふたりの胸中には、吉原らしい算段ができあがっている。

「どうです、お上臈さんを贔屓にしてくださってるお大尽に相談されては？」

「あちきも、そうするつもりでありんした」

遊女にとっておねだりはお手の物。上客の前で思案顔をしてみせる。

「花魁、何か心配事でもあるのかい？」

客がこんなことでもいおうものなら、飛んで火にいる夏の虫。

「主さま、折り入ってお願いがござんす」手練手管を駆使して財布を開かせる。

かくして『一日千本』の費用は得意客が負担することに――。

開板した本は遊女が名刺代わりに配った。遊郭や引手茶屋も一定数を引き受け販促ツールやプレミアムギフトとして用いる。そこには今でいうタイアップの発想も見え隠れする。

費用を負担した贔屓筋にしても鼻高々、ついでに鼻の下も伸ばしたわけだ。しかも、こういう無駄遣いをすれば粋だ、通人だと名をあげることが叶う。吉原はそういう町だった。

同時に『一日千本』は、重三郎がこれから仕掛けていく吉原アピールキャンペーンのスタートアイテムでもあった。

老舗本屋の失態

細見から派生した新企画、重三郎はきっと得意満面だったろう。

次いで彼は吉原細見のリニューアルにも乗り出す。その第一弾が安永四（一七七五）年秋に開板した『籬《まがき》の花』だ。

この本から重三郎は細見改、取次だけでなく版元の重責を担うようになる。編集に携わってから、わずか数年での快挙だった。おまけにツキというべきか、予期せぬ事態が重なってくる。

前述したように、それまでの細見は江戸屈指の本屋たる鱗形屋が独占していた。

ところが同年の夏、鱗形屋はとんでもない失策をしでかす。大坂の本屋が開板した本を勝手に改題して売り出してしまったのだ。それは柏原与左衛門と村上伊兵衛が出版した『早引節用集』という実用書だった。鱗形屋は彼らの承認なしに『新増節用集』とタイトルを変えて販売する。節用集は漢字熟語に読み仮名をふったもので、宝暦あたりから人気を集めるようになっていた。

犯人は手代の徳兵衛、彼は家財闕所《けっしょ》（没収）のうえ江戸十里四方追放に処せられた。主人の孫兵衛も監督責任を逃れられない。二十貫文の罰金をいい渡される。

これを機に老舗本屋の信用はガタ落ちになった。折しも鱗形屋は黄表紙『金々先生栄花夢《きんきんせんせいえいがのゆめ》』を大ヒットさせウケに入っていた。ところが好事魔多し、重板事件が大きなミソをつけてしまう。『籬の花』が出た安永四年、鱗形屋は秋の細見開板を見送っている。

より安くより持ちやすく

重三郎が手掛けた『籬の花』は体裁こそ鱗形屋と同じ縦型になっていた。

だが彼は十八・五×十二・四センチメートルの中本と呼ばれる判型を採用し、旧来のものよりひと回りサイズアップさせている。

レイアウト面では各町の通りを挟んで両側の遊郭が向き合う工夫を施した。おかげでページ数は従来の半分以下にできた。

重三郎のアイディアで、吉原タウンガイドは一気にみやすく軽便になった。そして、ここには紙代や摺り代を低く抑えられるというメリットがある。おかげで、鱗形屋より安価にさばくことが可能になった。

コンテンツは充実、しかもリーズナブル——重三郎が手掛けた細見は鱗形屋版をセールス面でも凌駕したに違いあるまい。事実、八年後には重三郎が吉原細見を独占出版するようになる。

お江戸に数々の観光スポットあれど、そのナンバー1は吉原に他ならない。

吉原には性の歓楽街だけでなく、情報発信拠点や社交、接

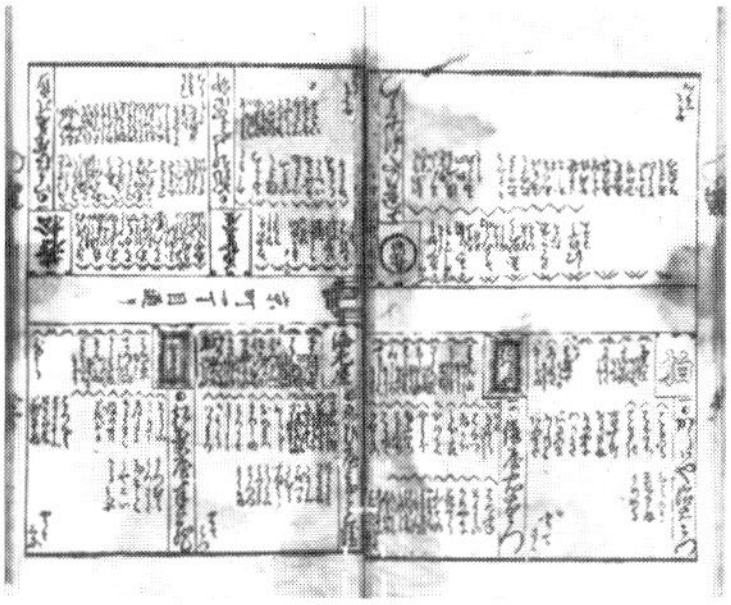

蔦重版の初の吉原細見である『籬の花』。江戸東京博物館蔵

待の場という顔があった。

トップクラスの遊女は浮世絵に描かれ、いわばスター扱い。彼女たちの絢爛豪華な衣装や装飾品は最新モードとして江戸のトレンドを左右する。

吉原では、四季折々のイベントやアトラクションが開催され、老若男女を問わず足を運びたくなる町、江戸のアミューズメントパークでもあった。人々は細見を片手に吉原を訪れる。地方からきた面々にとっては細見が格好のお土産になった。

もちろん江戸の市井の男たちはこぞって手にしている。武家や勉学ひと筋のはずの学者にも普及していたことがわかる川柳を紹介しよう。

「細見を四書文選の間《あい》に読み」

「足音がすると論語の下へ入れ」

細見は年に二回、最新版を売り出すだけのニーズとポテンシャルをもったメディアだったのだ。

有名人による推薦序文

細見の柱は遊女データと妓楼マップだが、重三郎はそこにカルチャーのテイストを吹き込んだ。巻頭の序文と巻末の刊行物案内がそれだ。『細見嗚呼御江戸』では、平賀源内が福内鬼外《ふくちきがい》のペンネームで序文を寄せている。それまで、細見にこういう趣向は珍しかった。

平賀源内は本草学者にして戯作者、科学者と多方面で活躍。寒暖計や石綿、摩擦式起電装置のエレキテルなどの開発に取り組んでいた。絵筆も執り『西洋婦人図』という洋風画をものする。

風来山人の筆名で滑稽本の『風流志道軒伝』、福内鬼外としては浄瑠璃の『神霊矢口渡』などを手掛け、マルチぶりを発揮する才人だった。

「そんな平賀源内先生の名前と文章が細見に加われば新しい値打ちがつくんです」

重三郎は付加価値の意味をよくわきまえていた。源内の一文を読みたいと細見を買う御仁がいるかもしれない。知らずに細見を開いたら「あの有名人が」と感心するだろう。序文のおかげで細見のバリューは上がり、実用一点張りのタウンガイドから脱皮できる。

以降、重三郎はこのノウハウを踏襲した。寄稿者は喜三二、南畝、京伝といった当代のベストセラー作家たちだ。名のある戯作者に書いてもらえれば、彼らと重三郎の深い絆まで世に広められるという余禄もあった。

刊行目録というアイディア

重三郎は細見に広告媒体としての役割も加えている。

これだけのセールスがあるのだから、便乗しなきゃもったいないというわけだ。

重三郎は巻末に「吉原名物」のコーナーをつくり自分の手掛けた本を宣伝する。『籬の花』の終わりには『一目千本』と『急戯《にわか》花乃《はなの》名《な》寄《よせ》』を並べた。後者は『籬の花』より四カ月ほど早く開板されている。内容は「俄《にわか》」の告知パンフレットと遊女ガイドを兼ねていた。

俄は茶番ともいわれ、前述の「夜桜」に続く吉原の大イベント。幇間や女芸者たちが街頭の屋台にあがり即興芝居に興じる。

俄は八月半ばから行われるのが通例ながら、安永四（一七七五）年は三月に前倒しというイレギュラーな開催となった。その告知のために摺り物が配布された事実は見逃せない。この時代、印刷物こそ最大のメディアであり、絶大な訴求力が認められていた。そんな事情を考慮すると、江戸の町に俄の早期開催を知らせるため、パンフレットをつくるというのは妥当な策だ。

ただ、この大仕事が重三郎に委ねられたことは着目に値する。鱗形屋をはじめとして、江戸にはいくつも大きな本屋がある。その中で重三郎が選ばれたのは、吉原の顔役たちの思惑と吉原の若き本屋の存在が合致した証左に他ならない。

＊

そして『急戯花乃名寄』のタイトルに滲むユーモアとも開き直りともつかぬセンス。

これは「穿ち」を体現する発露のひとつであり、「粋」や「通」という江戸の美学、理念に繋がっていた。本書の読者諸氏も、これから重三郎と戯作者、絵師たちがひねくり回したネーミング、絵に込められた寓意を随所にみることになる。江戸の言葉遊びのエッセンスは狂歌、川柳の諧謔、わらい（「笑い」であり「嗤い」でもある）、批評性にも通底するものだ。この精神は「月＝るな」「星＝きらら」といったキラキラネーム、「暴走天使＝ミッドナイトエンジェル」に代表されるヤンキー漢字変換にも継承されている……⁉

重三郎は巻末に刊行目録を並べるという現代の書籍、雑誌でもおなじみの方法を細見だけでなく戯作でも継続していく。

鱗形屋版細見にも若干の広告スペースはあった。しかし、それは重三郎が編集スタッフに加わってからのこと――広告欄の発案者は彼だと考えたくなってくる。よしんば重三郎のオリジナルではないとしても、彼がこのアイディアを本格的に活用した事実は揺るがない。

妓楼と大々的にタイアップ

「細見板元本屋　つたや重三郎」

安永七（一七七八）年、二十九歳になった重三郎は春の細見『人来鳥《ひとくどり》』に、目立つよう、こう大きく摺り込んだ。

前年の冬、重三郎はようよう義兄の軒先を借りた店舗から独立し、同じ衣紋坂に店を構え一国一城の主となっていた。人来鳥（うぐいす）が春を告げるように、彼も新規新装した本屋をお披露目したわけだ。

しかも彼は、その間にも吉原をステージとする作品を手掛け、吉原とのタイアップを強化している。安永五年正月には、絵本『青楼美人合姿鏡《せいろうびじんあわせすがたかがみ》』と、吉原の伝説、説話をベースにした読本『青楼《せいろう》烟花《えんか》清談《せいだん》』『青楼奇事《きじ》』を開板した。

＊

『青楼美人合姿鏡』は重三郎が本拠を吉原においていた時代の最高傑作として名高い。

このビジュアルブックは大見世、中見世の遊女百六十三人をフィーチャーしている。

彼女たちの艶姿を多色摺りで活写したのは当時の二大絵師だった。ひとりは『一目千本』で組んだ北尾重政、さらに彼の最大のライバルと目されていた勝川春章なのだから、重三郎のキャスティングは世間を驚かせたことだろう。彫りや摺りも超一流の職人に発注、豪華な造りが話題になったのは想像に難くない。

制作陣、造本とも贅をつくした話題の一冊、それを支えたのは例によって吉原の妓楼と遊女たちだった。『青楼美人合姿鏡』に登場するメンバーは一部の遊女に偏向している。また、妓楼によって扱いに差をつけていた。

それらの事々が『一目千本』でも指摘されていたことを思い出してほしい。重三郎は豪奢な本を制作するにあたり、損失を最小限に抑える入銀システムを再び採用したようだ。

蔦重の吉原時代の最高傑作との評価がある『青楼美人合姿鏡』。国立国会図書館デジタルコレクション

＊

版元には重三郎だけでなく山崎金兵衛が名を連ねている。

金兵衛は日本橋界隈の本石町に店を構えた地本問屋、重三郎にとって彼との提携は将来の事業展開を見据えたアプローチだった。

「ちまちまと本を売ったり、貸本で儲けるだけでは満足できません。どんどん話題の本を開板するのはもちろん、問屋の株も手に入れ、もっと手広くやっていくつもりです」

そのためには金兵衛とコネクションを作っておく必要があった。

一方の『青楼奇事 烟花清談』は葦原駿守中が記した。この本は江戸市中で話題になることやセールスを見込んだものではあるまい。

著者の正体は、吉原の引手茶屋主人の駿河屋市右衛門。本作も重三郎と吉原の関係性なしに上梓できなかった。重三郎が本書を企画したのか、それとも駿河屋が所望したのか。いずれにせよ、自費出版に近いからくりだったと考えてよさそうだ。

駿河屋との間を取り持ったのが吉原に根をはる重三郎の親戚たちなら、まさしく「吉原の本屋蔦屋重三郎」を象徴する一冊といえよう。

蔦屋重三郎は吉原が有する数多くのセールスポイントに精通していた。

吉原の有力者たちは摺り物の持つ影響力に着目した。

両者の思惑が合致し、小さな本屋は吉原をアピールすることに邁進する。それが大きな成果となったからこそ重三郎は重用された。ウイン・ウインの関係というやつだ。

しかし、重三郎はこれだけで満足しなかった。

「私にはやりたいことが山ほどあるんです」、彼ならきっとこういったことだろう。

第二章では、重三郎が安永期を礎として天明の世に大きくステップアップしていく姿を紹介しよう。

第二章　江戸っ子を熱狂させた「狂歌」ブーム

「耕書堂」という屋号

親戚の店先から独立した店舗へ。蔦屋重三郎は「耕書堂」を店名にした。

〝本を耕す〟という屋号は、以降の重三郎の動向を見事にシンボライズしている。安永から天明にかけて、重三郎が率いる耕書堂は江戸という広大な田畑に才ある作者や絵師の苗を植え、花を咲かせ、豊かな実りを収穫していく。

だが、耕書堂を大きくするためには、吉原細見に並ぶ経営の柱が必要だった。そこで眼をつけたのが富本節の正本《しょうほん》と稽古本だ。

富本節は常磐津節から分かれた浄瑠璃の流派のひとつ、二代目富本豊前《ぶぜん》太夫が出て大人気を得た。豊前太夫は容貌から「馬面《うまづら》豊前」と呼ばれていたが、当代一の美声と表現力で鳴らしていた。

常磐津節を蹴落とす人気の富本節、その家元の豊前太夫と何とか知己を得ることはできないだろうか——重三郎は積極的なアプローチを展開したことだろう。吉原に広がるコネクションを活用したのは当然、場合によっては太夫に酒池肉林の接待攻勢をかけたっておかしくない。

それに、豊前太夫は重三郎より四つ年下。いわばふたりは同世代人だ。耕書堂の若い主人と、飛ぶ鳥を落とす勢いの新進の浄瑠璃語りが意気投合したというのもうなずける。

コンスタントに捌ける浄瑠璃本

安永六（一七七七）年十一月の歌舞伎市村座顔見世狂言「児華表飛入阿紫《ちごとりいとびいりきつね》」で、豊前太夫は浄瑠璃「夫婦酒替奴中仲《みょうとざけかわらぬなかなか》」を語った。安永六年は重三郎が耕書堂を新規開店し、豊前太夫も二代目を襲名した年。重三郎はこの好機を逃さなかった。

さっそく彼は「夫婦酒替奴中仲」の「正本」を売り出した。正本には浄瑠璃の台本だけでなく役者の台詞や所作、舞台背景に装置、衣装までが記されている。正本は歌舞伎観劇の格好のガイドブックでありパンフレットとなった。話題の舞台に時の人、その正本が売れぬわけがない。重三郎の「してやったり」という笑い声まできこえてきそうだ。

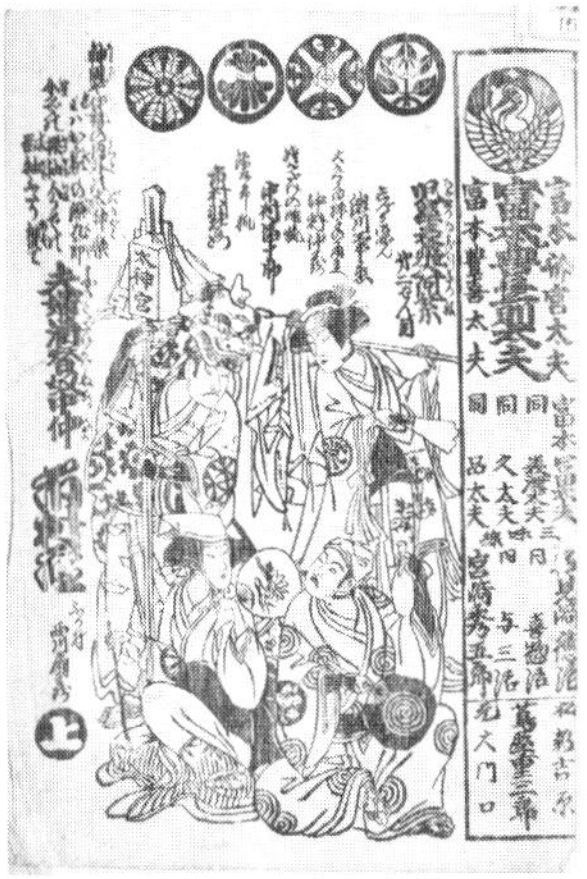
「夫婦酒替奴中仲」の富本正本。東京大学教養学部国文・漢文学部会蔵

重三郎はさらに安永八年の正月から富本節の「稽古本」の販売にも着手した。

浄瑠璃は庶民の娯楽の筆頭だった。古典落語には、大店や家主の旦那がうなる浄瑠璃に奉公人、店子がヘキエキしたり、月夜に軒付けして回る素人たちが「うるさい！」と水をかけられたりする様子が活写されている。ましてや人気沸騰中の富本節、こいつを唸ってみたい連中が急増し稽古場は大繁盛した。当然、稽古本は飛ぶように売れる。

それに正本は初演時の販売がメインだが、稽古本は通年にわたりコンスタントに捌ける商品だ。稽古本の表紙は薄い藍の縹色《はなだいろ》、一冊四文（約百円）の定価をつけた。湯屋が八文（約二百円）で蕎麦は十六文（約四百円）だったから安価な本といっていい。

しかし、薄利多売の収入は耕書堂を潤した。同時に、重三郎は金銭だけでない大きな収穫を実感したはず。トレンドにうまく寄り添えば本はヒットする。本が売れれば、いっそうトレンドの広がりに拍車がかかっていく。

往来物の需要を支えた寺子屋

さらに重三郎は耕書堂の売り上げを伸ばす戦略を拡大させる。

安永九（一七八〇）年、三十一歳となった蔦重は「往来物」の販売にも着手した。『大栄商売往来』と『耕作往来千秋楽』の二作が端緒となった。

往来物とは初学者向けの学習書、多くが寺子屋での手習いの教科書として用いられた。『いろは字引』、『実語教《じつごきょう》』（経書の格言が中心の教訓集）、『塵劫記《じんこうき》』（算術書）、『商売往来』（商人の心得や用語集）などなど、読み書き算盤から四書五経に道徳、実学まで読みやすく説いた往来物が、数多くの書肆からいくつも上梓されていた。

しかも、往来物は今でいう作者の有する著作権の縛りがない。例えば『実語教』の著者は弘法大師空海とされていたし、数学書のロングセラー『塵劫記』は安永から百五十年近くも昔の寛永四（一六二七）年に吉田光由が著した。後世の本屋は既刊書から勝手に流用、借用して本をつくることができたのだ。

もっとも本屋が有する版権の管理はうるさく、「板株《いたかぶ／はんかぶ》」としてその権利が認められていた。第一章で記した、鱗形屋がしでかした失敗のように、現行している大坂の書肆の本を無断で摺って販売すると大問題に発展してしまう。

往来物もまた耕書堂の懐を潤してくれた。

その裏には庶民に高まった学習熱がある。寺子屋の存在はその最たるものだ。小学生くらいの年齢の子どもたちに、浪人あるいは僧侶が手習師匠を務めている時代劇のシーンが思い浮かぶ。実際、江戸の各所に次々と寺子屋ができ、往来物の需要も減ることはなかった。

寺子屋の普及は江戸の民の識字率の高さに直結する。そして、字を読むことができる庶民が増えるということは、読書人口の増加に繋がる。重三郎は将来の読者を育てるためにもせっせと往来物を売ったわけだ。

天明期の新たなる飛躍

吉原細見に加えて、富本節のヒットに便乗した正本と稽古本、手堅い学習書としての往来物を開板することで耕書堂の経済的基盤は整っていく。

吉原タウンガイドに遊女カタログ、観劇パンフレットやソングブックそしてテキストブック。

耕書堂の棚にいろいろな種類の本が揃ったことは間違いなかろう。ここに美人画、役者絵、相撲絵と浮世絵が並んだのだから、いっぱしの絵草紙屋の体裁は整った。

だが、重三郎はその状況に満足せず次のステップを睨んでいた。

安永年間は九年で幕を閉じる。安永後期から次の天明期の耕書堂の店頭を賑わせたコンテンツはふたつあった。ひとつが「黄表紙」、もうひとつは「狂歌」だ。これらには作家性と創造性が関わってくる。それだからこそ、作品を企図し開板する編集者の存在が欠かせない。

しかも黄表紙と狂歌で力を発揮した作者や絵師は重複している。草双紙関係のクリエイターのほとんどが狂歌を嗜む、あるいは関係していたといっても過言ではない。

武家から庶民にいたるまで、江戸の民は狂歌を愉しみ黄表紙のページをめくった。

その大きな渦の中心にいたのが他ならぬ重三郎だった。

本書では、黄表紙と狂歌が縦糸と横糸のごとく織りなした江戸の大熱狂を行き来するのではなく、個別に章を設けて説明していきたい。まずは狂歌から――。

穿ち・滑稽・パロディ・ナンセンス

狂歌は現代においてあまり馴染みのない文芸ジャンルといえよう。

同じ軽文学の定型詩のうえ、同時代に興った川柳のほうが、今ではずっと親しまれている。

だが、天明期、狂歌は川柳を凌駕し、江戸を風靡した大人気コンテンツだった。当然、重三郎も狂歌に注目していた。彼は狂歌に関わる文人たちを束ね、天明期の文壇ともいうべき狂歌サロンを構築していく。この集まりの主要メンバーが、そのまま、もうひとつのムーブメントたる黄表紙の制作陣と重なるのは前述したとおりだ。

狂歌は和歌の詩形に即しながら穿ちや滑稽、パロディ、ナンセンスなどのスパイスを効かせ、身近なテーマを詠む。これらは黄表紙に通底する精神でもある。

「穿ち」は現代において「物事を斜めからみる、疑ってかかる」というニュアンスでとらえられがちだ。しかし、本来の語義は「穴を掘る」であり、そこから「物事を深く掘り下げ、本質を捉える」と解されてきた。通人を気取る狂歌師たちも「隠された真実を見抜く」ことだと心得ていた。彼らは戯れの歌にかこつけ世相や心情の機微を汲み取り、真相を暴いていく。

また、狂歌は笑いのセンスとアドリブ性が求められるだけでなく、和歌と同じく縁語や掛詞、本歌取りなどの技巧を駆使しなければいけない。戯れの詩でありながら、作る側に古典文学全般に通じる教養が求められていたことは特筆に値する。

狂歌は平安時代から存在したものの、本歌が雲上人の教養として貴ばれたことに遠慮して、ほとんど記録されなかった。わずかに鎌倉時代の冷泉為守が暁月房《ぎょうげつぼう》の法名で残した『狂歌酒百首』があるくらいだ（為守は女流歌人として名高い阿仏尼の子だった）。

それでも狂歌は室町時代中期から頓智狂歌として愛好家を増やし、織豊時代になって細川幽斎を中心に上層階級へ広まっていく。

続く江戸時代初期、幽斎に和歌を学び京にあった松永貞徳《ていとく》が狂歌を門人に広げる。さらに十八世紀初め、貞徳の孫弟子で大坂の永田貞柳《ていりゅう》がいっそう狂歌を大衆化させた。「浪花狂歌」と呼ばれた貞柳一門の作は卑俗に傾いたものの名古屋や西国にまで及ぶ流行をみた——。

文化の趨勢は上方から江戸へ

ところが、浪花狂歌の熱狂は江戸にまで及んでいない。

どうやら江戸では浪花狂歌は俗悪だと敬遠されていたようだ。ところが江戸っ子狂歌師の登場で状況が一変する。「狂歌っていいね」「粋じゃないか」という風潮が広まっていく。

江戸時代にも東西の笑いのセンス、受け取り方に差異があったのは興味深い。

大きく時代が飛ぶが、一九九〇年代に吉本興業が中央進出を果たすまで、大阪の笑い（とりわけ漫才）は東京で支持を得られていない。「下品」「がさつ」「大阪弁が汚い」などと敬遠され、当時の林裕章吉本興業社長をして「大阪の笑いは箱根の関を越えることがでけへん」とボヤかせるほどだった。だが障壁は数人の卓越した芸人が現れたことで一気に打破される。明石家さんまと島田紳助、さらにはダウンタウンの登場がそれだ。彼らは東西の垣根を乗りこえ、笑いの世界を吉本一色に染め替えてみせた。

江戸の天明期においても、有為の人材の出現が狂歌に対する評価を一変させた。

そこには「江戸の狂歌は江戸の人間がつくらなきゃ」という江戸庶民の想いがこもっている。この時代、文化の趨勢はようやく上方から江戸へと移行しつつあった。江戸は百万人都市として人口で京、大坂を圧倒するだけでなく、田沼の重商主義もあって経済面においても重きをなしてきている。何から何まで上方が上等とありがたがる時代は終わりつつあった。江戸っ子の間には、自分たちで流行をつくろうという風潮が強まっていた。徳川家康による江戸開府からおよそ百八十年、ようやく江戸のアイデンティティが固まってきたのだ。

天明の狂歌師たちは粋や穿ちの精神を発揮するだけでなく、文化の中心が上方から江戸へと移っていく時代の気分を嗅ぎ分け、巧みに詠みこんでみせた。そのうえ、狂歌師たちは黄表紙や浮世絵の作者として人気を得たり、成功した商人といった江戸の有名人。彼らは徒党を組み吉原でワイワイガヤガヤと遊びに興じる。そこからは、自分たちが江戸文化の中核を担うという自慢と自負が漂ったことだろう。これはバブル紳士やIT長者、セレブたちがわが世の春を満喫した風景にも似ていたはず。狂歌師の振る舞いには、憧ればかりか反発もあったに違いないが、やはりその姿には時代の色合いが濃く反映されていた。

こうして、上方で流行った戯れ歌を下卑た笑いだと拒んだ江戸の民たちが、一転して狂歌を支持するようになった。しかも、それは江戸っ子の新しい文化にふさわしいものに変貌していた。

三十代の働き盛りになった重三郎は、狂歌という武具を片方の手に携え、天明の出版界に斬りこんでいく。彼は本屋人生の最盛期に突入していくのだ。

「狂歌三大家」

江戸に狂歌ブームを巻き起こしたのは四方赤良《よものあから》こと大田南畝《おおたなんぽ》（後には蜀山人）、唐衣橘洲《からころもきっしゅう》、朱楽菅《あけらかん》（漢）江《こう》、平秩東作《へずつとうさく》、元木網《もとのもくあみ》といった狂歌師たちだった。

中でも重三郎と深い縁をつくっていくのが大田南畝、彼は御家人で重三郎よりひとつ年上。南畝は早くから文才を発揮し、まず狂詩で名を知らしめる。「狂歌」と似ていて紛らわしいが、狂詩とは押韻、平仄といった漢詩の特色を踏まえながら、俗語や卑語を交えてつくる漢文体の戯れ詩をいう。南畝は十九歳にして狂詩集『寝惚《ねぼけ》先生文集』を刊行、かなり話題となっていた。なお、序文を寄稿したのは平賀源内だ。源内はそこに「同好之戯家《たわけ》」、つまり〝戯家の同士〟と書いている。この頃まだ世に出ていない重三郎も『寝惚先生文集』を知っていたはずだし、眩しい想いで早熟の天才をみつめていたことだろう。

南畝は山崎景貫《かげつら》や田安家に仕える小島恭従らと、歌人で儒学者の内山賀邸《がてい》（椿軒《ちんけん》）から和歌を学んでいた。賀邸門下の三人はやがて「狂歌三大家」と称されることになる。すなわち山崎は朱楽菅江、小島が唐衣橘洲だ。

いみじくも賀邸は賀茂真淵、田安宗武らと「江戸六歌仙」に数えられた人物。さりながら、賀邸には笑いのセンスがあった。弟子たちと酒をあおって、こんな戯れ歌を詠んでいる。

盃へ飛び込む蚤も飲み仲間つぶされもせず押されもせず

南畝は狂詩集をものするくらいだから、たちまち師が詠む戯れ歌に感応した。他のふたりも同様。そこに賀邸門下の先輩格、平秩東作が一枚嚙んでくる。彼は立松東蒙《とうもう》といって四谷の煙草屋だ。なかなか顔が広く、南畝の狂詩集デビューの際に源内を紹介した人物でもある。そうこうするうち、彼らの師匠の賀邸も狂歌づくりに精を出し始め、天明狂歌壇の原型ができあがった。明和六（一七六九）年頃のことだ。

才人がバカに徹する

狂歌の妙味はふたつある。まずは漢詩や和歌の豊富な知識と作詩の技法に長けているというインテリジェンス。黎明期のメンバーでは橘洲と木網が和歌を嗜み、南畝と東作は漢詩に深い素養があった。さらに南畝と橘洲は二十代の青年武士、東作と木網が四十代で町人。青年と中年、加えて武家と町人というようにそれぞれの属性がミックスされていた。

また、狂歌師が教養人であるというのは一種のアイロニーといえる。狂歌師は機智と笑いを自在に操る。バカがバカなことを吟じるのではなく、才人がバカを装ってバカに徹するのだ。江戸っ子はこういう作為を「粋」だと感じた。

もうひとつ、南畝たちは庶民が好んだ吉原や歌舞伎、浄瑠璃、黄表紙などの風俗を巧みに詠みこんでいる。いきおい、作品は高尚や典雅に傾かず卑俗な笑いが勝っていた。一見すると駄洒落や無駄口のオンパレードの観さえある。それでも詠み手の豊かな教養の裏付けが狂歌を文芸たらしめていた。狂歌は決して便所の下卑た落書きではない。

そうした趣向は狂歌のためのペンネームにもあらわれている。

例えば四方赤良の「四方」は、江戸を代表する地酒「瀧水《たきすい》」を売った酒屋の四方久兵衛にちなんでいる。「赤」はそこに、久兵衛が酒肴として売り出した赤味噌を重ねた。この味噌、「鯛の味噌ずに四方のあか、一杯のみかけ山の寒がらす」と子どもまでが口ずさむほど評判だったという。名代の酒屋に赤味噌のアテ、江戸に住まう者なら誰でもピンとくる筆名だったのだ。

他の狂歌師も戯れ、穿ちでは負けていない。朱楽菅江や元木網は読んで字の如く。他にも酒上不埒《さけのうえのふらち》、宿屋飯盛《やどやのめしもり》、大屋裏住《おおやのうらずみ》、竹杖為軽《たけつえのすがる》、土師掻安《はじのかきやす》、蛙面坊《あめんぼう》、相場高安《そうばのたかやす》、頭光《つむりのひかる》……皆、好き放題のやりたい放題だ。

狂歌師を束ねて絵師を鍛える

狂歌のプロフィールはおわかりいただけたことと思う。

天明になって、いよいよ重三郎は狂歌へと接近していく。きっかけは天明三（一七八三）年正月に刊行された、橘洲編纂の『狂歌若葉集』と南畝、菅江らが選者になった『万載《まんざい》狂歌集』だった。両作とも大きな話題を呼び、重三郎は狂歌の時代が到来したことを目の当たりにする。しかし、彼は二冊の狂歌集とも関係していない。

これは蔦屋重三郎という人物の本質に関わる大事なのだが——重三郎は江戸の出版文化に数々のエポックを刻んできたものの、彼自身が一から創出したアイテムはほとんどない。これまでみてきた吉原細見や遊女の名寄せ、浄瑠璃稽古本、往来物はもちろん狂歌にせよ、第三章以降で詳述する黄表紙、浮世絵などなどは、すべて〝重三郎以前〟から存在したものばかり。ただし、これらが重三郎の手にかかり、耕書堂から開板されることにより江戸を席巻する大ヒットとなった。

重三郎はオリジネーターではない。しかし、彼は卓越したアレンジャーだった。世にあるものを磨いてより充実させる手腕には卓抜のものがあった。

また、彼は巧みに詠み手の懐に飛び込み狂歌師との強い縁を結んでいく。いつしか狂歌師たちは、重三郎に作品を委ねるようになった。耕書堂の狂歌集はヒットするまで少し時間がかかっている。だけど、重三郎はその間も抜かりなく狂歌師たちを束ねていたのだ。

重三郎は意中の絵師にテーマを与えて画集をこしらえ、そこに狂歌を配するという技も披露している。重三郎は喜多川歌麿に虫や魚介、鳥などを精密に写生することを命じ、絵師としての腕を磨かせた。その成果は『画本虫撰《えほんむしえらみ》』や『潮干のつと』『百千鳥狂歌合《ももちどりきょうかあわせ》』などの見事な絵筆さばきと描写力に結実している。

これらの作品は歌麿の画こそが眼目、狂歌は刺身のツマでしかない。狂歌をダシにして、将来を嘱望される絵師を鍛える。重三郎は本当に抜け目がない。補足すると、歌麿も狂歌師の群れに身を投じ筆綾丸《ふでのあやまる》と名乗っていた。

やがて寛政の世になり、歌麿が美人画で一世を風靡するのは周知のことだ。

南畝というキーパーソン

話を天明初期に戻そう。重三郎は鋭敏な嗅覚で狂歌の放つ芳香を嗅ぎつけていた。

彼は鼻先をうごめかせながら南畝に強烈なアプローチをかける。きっかけは、天明元（一七八一）年に南畝が記した黄表紙評判記の『菊寿草』だった。この本で南畝は耕書堂が開板した朋誠堂喜三二作『栄花程五十年《えいがのほどごじゅうねん》蕎麦価五十銭《そばのあたいはごじっせん》見徳一炊夢《みるがとくいっすいのゆめ》』を絶賛してくれた。

重三郎はその御礼という名目で初めて南畝を訪ねている。重三郎には、これを機に南畝と誼《よしみ》を通じておこうという明確な意図があった。それが証拠に一首の狂歌を差し出している。

高き名のひゞきは四方にわき出てて赤ら赤らと子どもまで知る

手放しで南畝をヨイショしているが、この作者は重三郎ではない。その頃、与謝蕪村と並び称された高名な俳人大島蓼太《りょうた》（雪中庵）にわざわざ依頼したものだ。みえみえの手土産ながら南畝としても目尻が下がったことだろう。

その後、重三郎が得意の吉原接待攻勢を仕掛けたとしても不思議ではない。ひとつ年下の重三郎に対して、南畝が世代的な親近感を抱いたことも大いに考えられる。何より、重三郎のプランナー、エディターとしての才には一目置いたことだろう。実際、南畝の日記には、重三郎と吉原で親しく交わっていたことが記されている。重三郎は遊興費を負担し、おべんちゃらのひとつも口にしながら、狂歌をどうビジネスに繋げるかを模索していたはずだ。

狂歌師サロンの「黒幕」

そこに『狂歌若葉集』と『万載狂歌集』の売れ行き絶好調の報が舞い込む。

二冊の狂歌集のうち、より人口に膾炙したのは南畝が絡む『万載狂歌集』だった。重三郎にすれば「私の眼力に狂いはなかった」というところだろう。重三郎はいっそう〝南畝路線〟に力を入れた。ただ、南畝の狂歌集を連発するのではなく、より狂歌ムーブメントを大きくしていこうという深謀遠慮を働かせている。

南畝はじめ「狂歌三大家」らは自らが頭目となり「狂歌連」というグループを形成していた。

南畝の山手連、菅江の朱楽連、橘洲の四谷連、木網の落栗連らがそれだ。遊里では妓楼の主人、二代目大文字屋市兵衛＝加保茶元成《かぼちゃのもとなり》が吉原連を結成する。

やがて狂歌連は天明の世の文壇、知的セレブのサロンとなった。

彼らの歌合わせには酒宴が欠かせない。いつしか、余興として芋や大工道具などありふれた物を持ち寄って家宝に見立てる「宝合わせ」、自作デザインの団扇を持参する「団扇合わせ」などが催されるようになる。狂歌の歌合わせは粋狂の極み。でもそれが天明の時代の空気、ムダで無益な戯れ事に執着するのが通人に他ならない。

だが重三郎は狂歌を捻り出し、無礼講で騒ぐよりも、宴の幹事役や連の運営に重きを置く。裏方役に回るというのはエディターとしての本来の業務にふさわしい。まして彼は吉原で顔が利く。南畝や菅江、橘洲たちにとって、蔦唐丸の参加を断る理由はない。

こうして重三郎は狂歌サロン、あるいは天明の江戸文壇というべきスノッブな場を形成する。しかも、彼はしっかりこの場を取り仕切った。

天明三（一七八三）年三月、耕書堂から狂歌づくりの案内書『浜のきさご』（元木網著）、次いで翌年には吉原細見に模した狂歌師名鑑『狂歌師細見』（平秩東作著）などが刊行される。

その一方で江戸の本屋たちもこぞって狂歌集の開板に力を注いでいた。『狂歌書目集成』（菅竹浦編／星野書店）によれば、天明二年の狂歌集の開板数は四点しかなかったのに、天明三年には十九点にまで急増する。狂歌師の列には従来の面々に役者や一般庶民も加わった。江戸の狂歌ブームは過熱する一方だったのだ。

かような状況にあって、重三郎が黙って指をくわえているわけはない。ライバル書肆をうっちゃるべく、狂歌界の首魁たる南畝との関係をいっそう濃く太いものにし、結果としてすっかり取り込んでしまう。

その背景には南畝と橘洲の対立の鮮明化があった。仕掛けたのは橘洲だった。彼は『狂歌若葉集』の編纂にあたって南畝を排除する。それどころか、同書で南畝の作風を批判までした。どうも橘洲は、下卑た世事まで才気にまかせて歌い込む南畝の作風が気にいらなかったようだ。あわせて両雄並び立たず、どこの世界にもある鞘当て合戦が勃発したのだろう。

だが、両者の反駁は作品の可否や人望云々ではなく、販売実績という単純明快な数字の優劣によって勝負がついた。南畝の狂歌集が売り上げで圧倒したことにより、橘洲はしばしば狂歌界のメインストリームから姿を消してしまう。

「狂歌をほしがる本屋」

南畝が中心になって回りはじめた狂歌壇、重三郎はその舞台裏を差配してみせた。

もっとも、重三郎だって狂歌のひとつやふたつは残している。

何事もめでたきふし（富士）の年玉にかねをつけたる千金の春

天明四（一七八四）年の新年を寿ぐ歳旦狂歌集『年始御礼帳』にある狂歌だ。この出来はいかがなものなのか？　曲亭馬琴が天保五（一八三四）年になって著した『近世物之本江戸作者部類』で重三郎の文才について記している。後の章で触れるが、馬琴は寛政四（一七九二）年、重三郎のもと耕書堂で番頭役を務めていた。

「顧《おも》ふに、件の蔦重は風流もなく文字もなけれど」

かつての主人すら酷評するのは馬琴の面目躍如というべきだが、それでも重三郎の商才には兜を脱いでいる。

「世才《せさい》人に捷《すぐ》れたりければ、当時の諸才子に愛顧せられ、その資《たすけ》によりて刊行の冊子みな時好《じこう》に称《かな》ひしかば、十余年の間に発跡《はっせき》して、一、二を争ふ地本問屋になりぬ」

重三郎の文才はたいしたものではなかったようだ。しかし、戯作者や浮世絵師に好かれ、引きたてられる人柄の持ち主であり、ヒット作を生み出す嗅覚と発想は群を抜いていた。

その才をもって狂歌壇を牛耳った重三郎は、江戸を代表する本屋になりあがっていくのだ。

*

『年始御礼帳』と同じく天明四年正月に耕書堂から刊行された『狂文狂歌老莱子《ろうらいし》』には、重三郎のフィクサーぶりが遺憾なく発揮されている。この狂歌集は南畝の母の還暦を祝う会で詠まれた狂歌を撰したものだ。南畝は祝う会の案内状に記した。

「私宅において、朝つぱらより暮方まで狂歌大会仕候間何万人なりとも御来駕可被下候。当日御出席の御方狂文狂歌とりあつめ候はゞ大方本屋ほしがり可申候」

いわずもがな「狂歌をほしがる本屋」とは重三郎に他ならない。南畝も微苦笑しながら文案を練ったのだろう。とはいえ文面からは、重三郎と南畝の関係のなあなあぶりが伝わってくる。そ

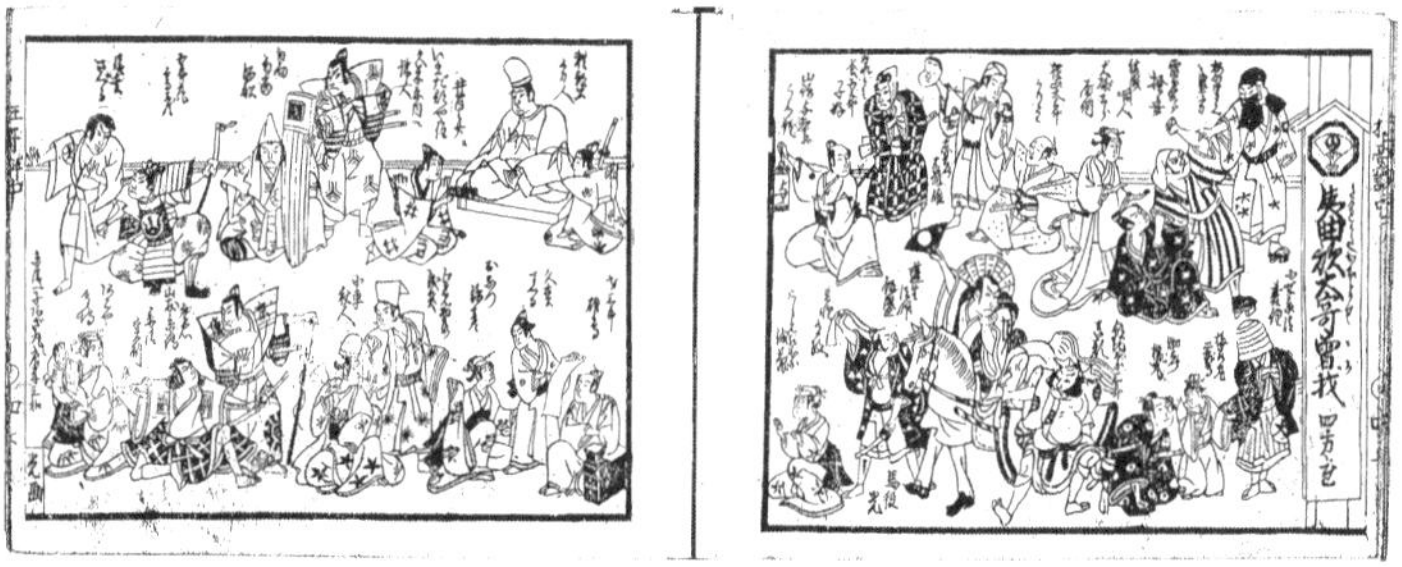
狂歌師たちが多数描かれている『俳優風』。東京大学総合図書館蔵

もそも、南畝の母にかこつけて、狂歌師が一堂に会するよう画策したのは息子の南畝ではなく重三郎ではなかったのか？

　重三郎は南畝を正面から籠絡するだけでなく側面攻撃も忘れていない。

　同年同月開板の黄表紙『万載集著微来歴《まんざいしゅうちょびらいれき》』（恋川春町文／画）は、『千載和歌集』の故事を穿ちつつ、赤良（南畝）こそが天明狂歌界の大ボスだと宣言する内容になっている。

　重三郎はこうした仕掛けのみならず、南畝に狂歌集『伊丹諸白』の序文を依頼したり、漢詩注釈書のパロディ『通詩選笑知』を書かせたほか、天明三年から耕書堂の独占出版となった吉原細見の跋文を依頼している。こうした戦術が功を奏し、重三郎と南畝の蜜月ぶりは世間に広まった。第一章で述べたように、南畝が重三郎の母の顕彰文を書いていることも忘れてはいけない。

　明くる天明五年、菅江が編纂した『故《こ》混馬《こんば》鹿集《かしゅう》』はヒットするだけでなく内容的にも高評価を獲得する。耕書堂は狂歌集出版においても一目置かれるようになった。

　天明六年には狂歌師評判記『俳優風《わざおぎぶり》』を開板、重三郎はここで仲違いをしていた南畝と橘洲を再会させ、菅江を加えた「狂歌三大家」を編者に迎えている。しかも、本作が選んだ江戸の狂歌師のトップは、江戸琳派の祖にして姫路藩主の弟でもある酒井抱一。こんなセレブまでもが、尻焼猿人《しりやけのさるんど》を名乗って戯れ詩に興じていたのだ。

乱痴気酒宴が企画会議に？

重三郎は南畝との太いパイプを構築することに成功した。

おかげで、狂歌サロンの後ろに重三郎が控えているという構図ができあがった。ここまでの重三郎の足跡を振り返ると——安永期に吉原の販売網を固めたことで、吉原絡みの出版物において他の本屋の追随を許さぬ存在となれた。続く天明期になり、狂歌壇を差配する本屋という特殊なポジションを築いたわけだ。

しかし、一連のアクションは前述したように、狂歌師を取り込むだけでなく、絵師と黄表紙の戯作者を同時進行で攻略する重層的なものだった。これを要素別に解析してみよう。

まず安永期に黄表紙が庶民の愛読書になった。黄表紙は大人が読む絵本、各ページいっぱいに挿画を配してある。つまり黄表紙には戯作者と絵師が不可欠だった（恋川春町や山東京伝といった絵心のある戯作者は絵も担当した）。黄表紙ブームは天明期も安泰、江戸の本屋は次々と黄表紙を開板する。

そこに狂歌を詠むという趣味的なムーブメントが被さっていく。南畝らがおもしろがってはじめた狂歌の身上は粋、通、穿ち、滑稽、ナンセンスであり、それらはそのまま黄表紙の精神に重

喜三二、南畝、菅江、東作……蔦重も描かれている『吉原大通会』。国立国会図書館デジタルコレクション

なる。だから、戯作者や絵師が戯れの詩を吟じ、バカ騒ぎに現《うつつ》を抜かすということに何の不思議もない。ただ狂歌ブームの当初、彼らは狂歌を詠み捨てるものと心得ており、わざわざ集めて開板するという発想は稀薄だったはずだ。

　ところが天明初期の『狂歌若葉集』と『万載狂歌集』の大ヒットによって状況が一変してしまう。それを好機と、耕書堂の主人蔦屋重三郎が狂歌界隈に分け入ってくる。彼は意図して狂歌を集めた。こうして狂歌を編んで出版するというスタイルができあがっていく。

　でも、大半の「狂歌師＝戯作者、絵師」にとって重三郎の行動は不審や疑義を抱かせるものではなかった。それどころか、乱痴気騒ぎの狂歌の酒宴が企画会議に早変わりすることも再三だったと推察される。重三郎は酒を注ぎながらこんな提案をしたはずだ。

「先生、次はウチからこんな戯作を出してみませんか？」

　戯作者や絵師たちは一も二もなくうなずいたことだろう。同じやり方で、狂歌の世界の住人だった南畝たちが、新たに重三郎の抱えるクリエイター集団に取り込まれていったという解釈もできよう。事実、南畝は狂歌師の枠をこえていくつもの戯作を著し、蜀山人の名も使いながら寛政、享和（一八〇一〜〇四）、文化（一八〇四〜一八）、文政（一八一八〜三〇）の世を渡っていく。

憂き世の憂さ晴らし

せっかくなので南畝こと四方赤良の狂歌を（無粋な解説つきで）いくつか紹介しよう。

あなうなぎ　いづくの山のいもとせを　さかれて後に身をこがすとは
（あぁ、つらいことよ。山芋が変化《へんげ》した鰻が背開きの蒲焼きにされるように、どこかの男女も仲を裂かれ恋情に身を焦がしているのだろう）

「あな」は「あぁ、なんと、まぁ」ほどのニュアンスの感嘆詞。「あなうなぎ」は「鰻」だけでなく、「う」に「憂し」を掛けてある。「山のいも」は山芋が変じて鰻になるという俗信を踏まえた縁語。そこへ「妹背」で恋人を掛け、さらに「背を裂かれ」と掛詞を畳みかけていく。南畝ならではの、才気走った技巧を織り込んでみせた。

七へ八へ　へをこき井出の山吹の　みのひとつだに出ぬぞきよけれ
（七、八発と屁をひっても、山吹に実がならぬよう汚物ひとつさえ出ないのだからいいじゃないか）

身も蓋もない下ネタだが、本歌は兼明《かねあきら》親王の「七重八重花はさけども山吹の実のひとつだになきぞかなしき」（『後拾遺和歌集』）。「井出の玉川」は京にある、山吹が黄金色の花を咲かせる名所。この狂歌ではさらに、太田道灌が雨に降られ農家で蓑を所望したところ、農夫の娘から山吹を差し出され、「実の（蓑）ひとつない」と和歌を添えられた故事を穿っている。

けふもまた　馬鹿をつくだの塩干がり　きのふは山に日ぐらしの里

（今日もまた佃に潮干狩りにでかけバカ三昧に興じているけれど、昨日は日暮里の山で一日を過ごしていたっけ）

狂歌仲間の大屋裏住《おおやのうらずみ》、酒月米人《さかづきのこめんど》らと潮干狩りに出かけた際の一首。南畝らが連日のごとく狂歌の宴に興じている様子がよくわかる。「つくだ」は「尽くす」と地名の「佃」の掛詞。

びんぼうの　神無月こそめでたけれ　あらし木がらしふく〳〵として

（神無月は貧乏神も出雲へ出掛けていなくなるんだからめでたいじゃないか。ほら、嵐や木枯らしまで福々と吹いているくらいだ）

この一首は解説不要だろうが――貧乏暮らしを陽気に笑い飛ばすのも狂歌の得意とするところ。だからこそ、庶民にも熱狂的に愛された。

安永から天明期、江戸を代表する文化人たちがこぞってかような狂歌をつくっては悦にいっていた。その背景には明るく笑って、暗い世の中の憂さを晴らそうという意図もあった。

田沼の重商政策でバブル経済は花盛り、庶民にまで奢侈と贅沢の風が吹いた。しかし安永末期の三原山大爆発や大水害に続き、天明には小田原大地震や浅間山大噴火が勃発する。みちのくで未曾有の凶作、大飢饉もおこった。打ち毀しや一揆は全国に及んでいる。

そんな世相を横目に狂歌師たちは粋狂に走った。南畝も妬心をおこした遊女に託して世情を詠んでいる。

浅間さん　なぜそのやうにやけなんす　いわふいわふがつもりつもりて

浅間山が凄まじい噴煙をあげたのは天明三（一七八三）年七月のことだった。「天明の浅間焼け」の名を残す噴火は三カ月近く続き、江戸にもおびただしい量の軽石や火山灰が降ってきたという。南畝は「いわふ」と「硫黄」を掛けながら、不安な心持を笑いのオブラートに包んだのだろう。

決して安穏ではなかった天明に起こった狂歌の興隆。バカバカしいほどの能天気さが、剣呑なご時世をせめて一時でも紛らわす一助となったとすれば、狂歌師や重三郎も少しは面目が立つというものだ。

第三章　エンタメ本「黄表紙」で大ヒット連発

読者層は同世代の青年

黄表紙とは肩の凝らない、大人向きの絵本をいう。

モノの本には「草双紙と称される諷刺滑稽の絵入り通俗小説」などと説明されている。本書ではここに「元祖ライトノベル」「江戸のコミック本」という解釈も付け加えたい。

黄表紙は美濃紙半裁を二つ折りにした「中本」で、現在の「四六判」（十八・八×十二・七センチメートル）に相当するサイズ。表紙は文字どおり黄色をしていた。美濃紙が障子に使われるほど丈夫なのもポイントだ。

草双紙は表紙の色目をもって赤本、黒本・青本、黄表紙と呼ばれ、この順で進化と深化を遂げる。赤本は寛文二（一六六二）年頃から刊行され始めた。おとぎ話や怪異譚が中心の幼児向け絵本で画、文章、ストーリーともいたって単純な代物だった。

やがて赤本は芝居や浄瑠璃、武勇伝、合戦などをモチーフとするようになり、読者層も青年が主体となっていく。次の黒本と青本は蔦屋重三郎が生まれる少し前、延享年間（一七四四〜四八）初年に世に出た。内容的には赤本を踏襲しつつ表紙の色が黒と萌黄（濃い黄緑色）に変化する。黒を採用したのは染料代を安く上げるためだという。また萌黄を青と称したのは、古語にいう色目が赤・白・黒・青を基本としており、萌黄や黄も青と称していたから。ややこしいが、黄表紙全盛時を迎えた後も一部では黄表紙を青本と称している。

青年期を迎えた重三郎はまさに黒本・青本の読者層と合致していた。きっと彼も何冊かを手にしていたことだろう。とはいえ、草双紙は高尚な読み物といえず、黒本・青本とて例外ではない。そもそも「草」自体に「ぞんざい、間に合わせ、下等」という意味合いがある。さらには悪臭を放つ安価な再生紙を使っていたから「臭双紙」という俗説まで加わった。

だが、それだけに黒本・青本の気安さは抜群、滑稽洒脱を旨とした文章に加え奥村政信、鳥居清満ら浮世絵の人気絵師が絵筆をとっていただけに、江戸の庶民にとって親しみ深い本だった。その意味で、黒本と青本が次代の黄表紙の礎となったことを踏まえておきたい。

一作目は鱗形屋から

そして黄表紙の時代が幕をあける。

これはまさに〝時代〟をつくった大ムーブメントだった。嚆矢となった作品は『金々先生栄花《きんきんせんせいえいがの》夢《ゆめ》』、恋川春町《こいかわはるまち》が文と画を担当した。開板は安永四（一七七五）年正月、書肆は重三郎と縁の深い鱗形屋だ。

鱗形屋孫兵衛は退色が激しい萌黄（藁色に変じる）をやめ草双紙の表紙を黄色にした。黄色の

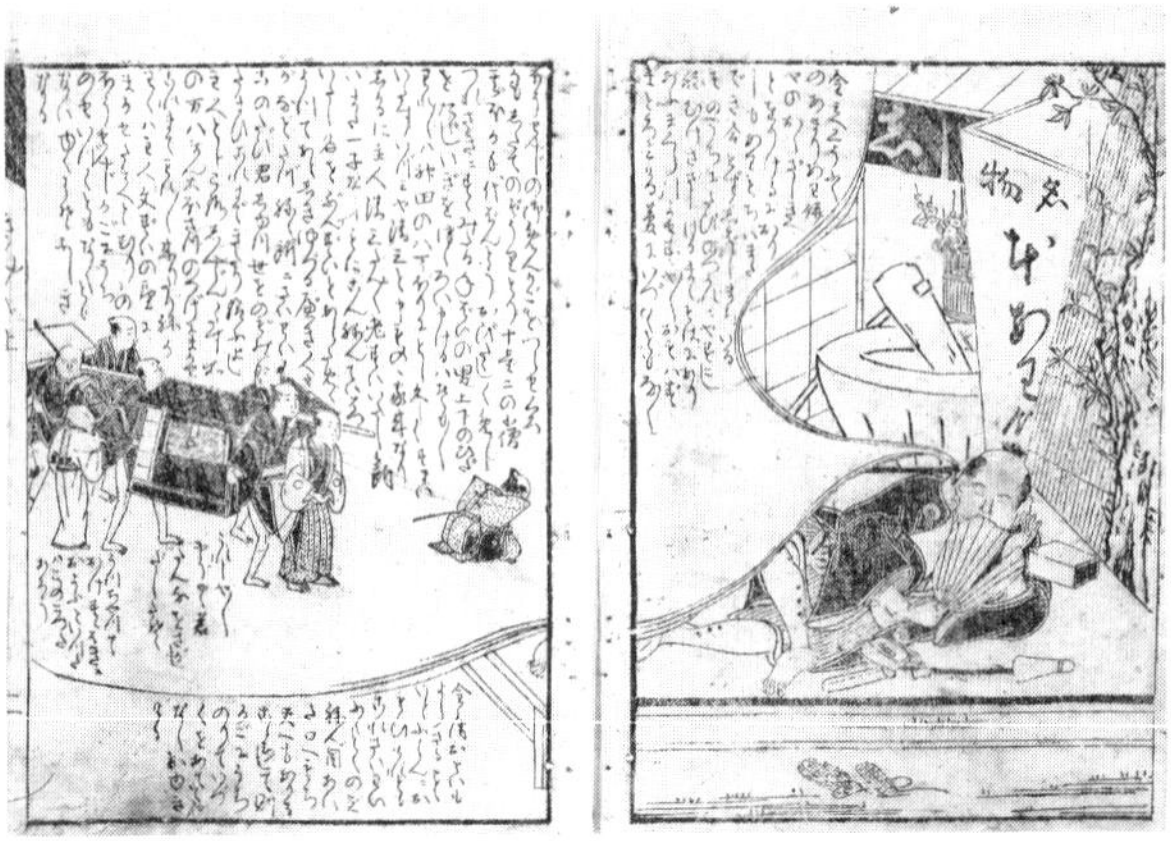

『金々先生栄花夢』恋川春町。東京都立中央図書館蔵

ほうが安くつくという説もあるけれど、萌黄や藁色より黄色のほうが店頭で目立つという利点はあろう。

さらに内容も従来の草双紙を刷新し、安永の時代色が濃くなる。安永は田沼意次が主導した重商主義により商人の存在がクローズアップされた時代だ。江戸市中は好景気に浮き立ち、開放的なムードに酔った。黄表紙はそんな世相を反映したことで大きな支持を得る。

黄表紙を開くと、見開きのページいっぱいに肩の力の抜けたモノクロの浮世絵が展開する。その余白を埋め尽くす文章は、会話を交えくだけた調子で進む。こういう文体が庶民や下級武士といった黄表紙の読者層には手軽でスラスラ読めたのだろう。冒頭に「元祖ライトノベル」と書いた所以はここにある。

ライトノベルと並べて「江戸のコミック本」とも記したのは、各ページいっぱいに展開する挿画が黄表紙の核になっているからだ。それは衣装、髪形、道具、建物、風景……細部にいたるまで観察眼が及んでいる。時代を切り取る挿画を描くには卓越した画力が不可欠。画と文、どちらが主でどちらを従とするかは個人の判断ながら、草双紙は挿画だけ見れば大体のストーリーがわかる。加えて画の端々、たとえば看板の文字や背景など細部にも洒落や隠語、穿ちなどが配されており、かなりの力量が求められた。読者の年齢層が青年というのも、今日のマンガを彷彿させる。

＊

『金々先生栄花夢』のストーリーを紹介しよう。

片田舎から贅沢を極めてやろうと江戸に出てきた主人公の若者が、目黒不動尊前の粟餅屋でうたた寝をしている間に、栄華から没落に至る夢をみて世をはかなみ故郷へ帰っていく――。

謡曲『邯鄲』から筋書きを拝借しているが、画と文は吉原をはじめ遊里の描写や当時の世俗と風俗をしっかり穿っている。田沼時代の好景気に魅入られ江戸でひと旗あげようと片田舎からやってくる主人公の設定、遊里での贅沢三昧の様子などは、江戸の民なら「こういう話、あるある」とうなずけるものだった。「金々」は最新トレンドを意味する当時の流行語、「先生」は現代語と同じくからかいのニュアンスを含む。春町の描いた黄表紙はタイトルだけでなく、全編を貫く諧謔、パロディ精神こそが真骨頂。通や粋という江戸っ子の美意識を痛烈に揶揄しているところも見逃せない。

春町は達意の文章だけでなく画才も出色だった。それもそのはず――彼は妖怪画で名をあげた鳥山石燕《とりやませきえん》に浮世絵の手ほどきをうけている。入門の後先でいえば喜多川歌麿の兄弟子ということになる。以降、春町は何度か画と文を兼任しただけでなく、画だけ手掛けることも多かった。

『金々先生栄花夢』の大ヒットで鶴屋喜右衛門、村田屋治郎兵衛、西村屋与八など江戸の大物本屋たちは鱗形屋孫兵衛に倣えと黄表紙の量産体制に入る。腕のたつ才人たちが駆り出されたのは

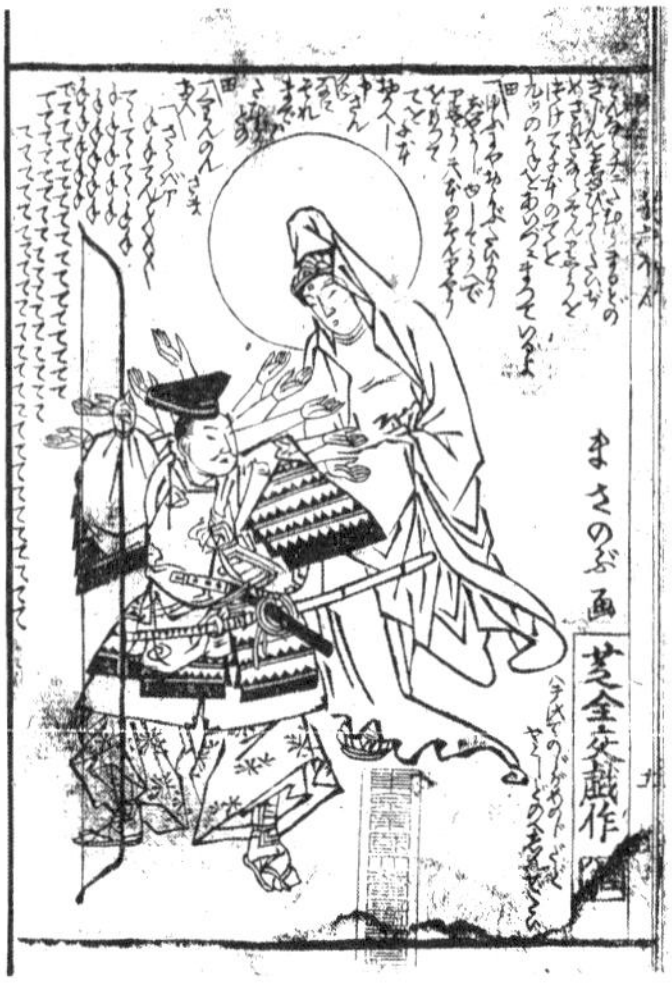

『大悲千禄本』。東京都立中央図書館蔵

当然のことだった。戯作者なら朋誠堂喜三二《ほうせいどうきさんじ》、芝全交《しばぜんこう》、市場通笑《いちばつうしょう》らが初期黄表紙で文才を揮った。もちろん浮世絵師たちもこぞって絵筆をとるようになる。北尾重政や鳥居清長といった重鎮はもちろん、やがて若手の歌麿、葛飾北斎らにも声がかかった。重政の弟子の北尾政演《まさのぶ》は、ほどなく山東京伝を名乗って画と文の両方をこなす。

　そして、彼ら黄表紙にかかわるクリエイターたちは、どっぷりと狂歌に浸かることになる。

『金々先生栄花夢』以降の三十年間に二千作を超す黄表紙が開板された。

ヒット作は千部近くが江戸市中に出回った。千部といえばたいした部数と思わぬかもしれない。

しかし、盛業だった貸本屋のレンタルはかなりの数になったうえ、一冊を仲間うちで回し読みするのが当たり前だったことを勘案しなければいけない。床屋や湯屋など人の集まる場所にも置かれた。江戸は百万人都市だったから、千部でも実読者が数万人にのぼった可能性は高い。そうなればベストセラーといって差し支えない。

　時代は天明五（一七八五）年に下がるが、蔦屋重三郎が芝全交に文、政演に画を描かせた『大《だい》悲千禄本《ひのせんろっぽん》』は八千部近く摺られたという（この本に関しては第四章で触れる）。

敵失に乗じた遊里パロディ本

さて——「重三郎と黄表紙」についてはここからが本編となる。

第二章で彼が天明の文壇を牛耳ったと書いたのだけど、読者諸氏は時代の軸を安永にまで戻していただきたい。重三郎は春町の『金々先生栄花夢』が大ヒットした時、吉原にあって義兄の軒先を借り〝細見スタンド〟さながらの小さな店を切り盛りしていたにすぎない。それでも、重三郎にとって黄表紙ブームの到来は大きなインパクトだったはず。いつかは、自分も黄表紙を扱いたいという野心を抱いたことだろう。しかし、重三郎が黄表紙を発刊するのは安永九（一七八〇）年のこと。春町のベストセラー刊行から実に五年ものタイムラグがある。

だが、この間に重三郎は漫然と歳月を過ごしていたわけではない。

何といっても、鱗形屋の敵失に乗じて吉原細見の編集・販売に打って出たのは大きかった。これで重三郎と吉原の結びつきが決定的となった。それ以前からの、遊女を題材にしたり、吉原の催事紹介の印刷物を手掛けるなどのアクションも、吉原の顔役との関係を深めるのに役立っている。その一方で、浄瑠璃界の新星に食い込んで版権を手に入れ、続いて寺子屋の教科書を商った。

これらは黄表紙の開板の準備だけでなく、ますます活発化する人的交流の経済的な拠り所になる。重三郎の出版活動に共通していることだが——彼は軽々しくトレンドに乗っかったりはしない。用意周到に地歩を固め、そこから一気に攻勢をかけて成果をもぎ取っていく。

黄表紙の時もそうだった。重三郎は春町が黄表紙で一世を風靡していくのを横目にしながら、もうひとりの文才に接近している。

安永六年七月、二十八歳になっていた重三郎は『娼妃地《しょうひち》理記《りき》』を世に出した。これは遊郭と遊女の評判記で、吉原を日の本に見立て、妓楼は国で遊女が各国の名所旧跡という、いわば地誌のパロディ版だ。『娼妃地理記』は遊里に題材を求めた戯作ということで洒落本に分類される。本作の評判はことのほか高く、重三郎の死後も好評で幕末まで版を重ねたほど。その要因は吉原の諸事情に精通した見立てと穿ち、諧謔に求められる。重三郎は吉原にまつわるネタを著者に提供するには格好の存在だ。

『娼妃地理記』の著者は道陀楼麻阿《どうだろうまあ》という。何とも人を喰った筆名、この人物の正体こそ朋誠堂喜三二《ほうせいどうきさんじ》、安永六年正

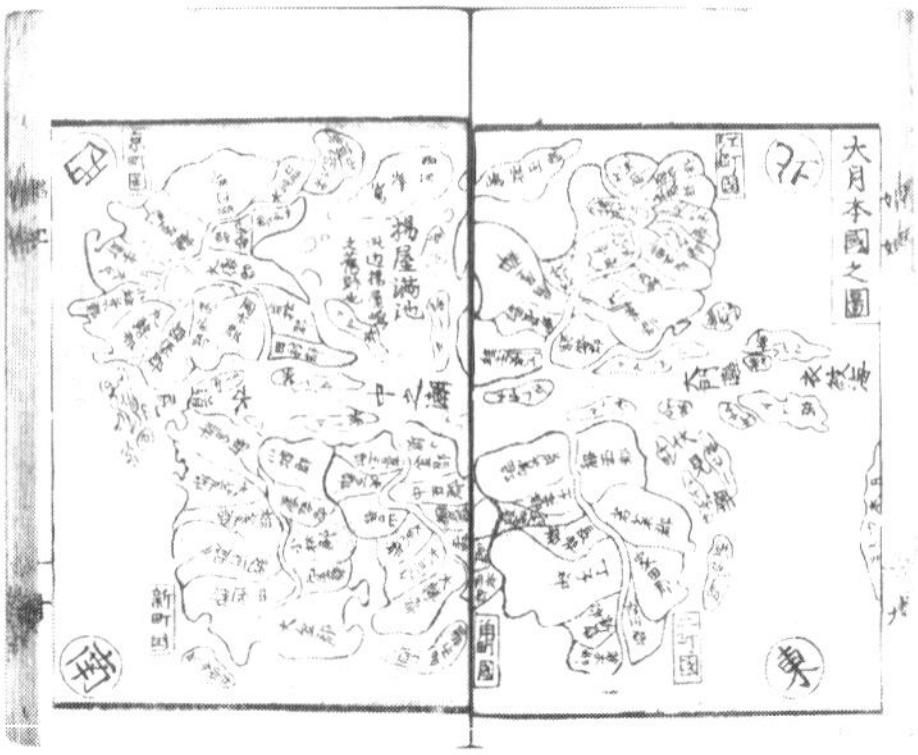

『娼妃地理記』。国立国会図書館デジタルコレクション

月に鱗形屋から黄表紙『親敵討腹鞁《おやのかたきうてやはらつづみ》』を発刊し話題を呼んでいた。しかも、そこで画を担当したのは他ならぬ春町。重三郎は喜三二だけでなく、ちゃっかり春町にも声をかけ、この年に耕書堂が刊行した『江戸しまん（自慢）評判記』の画を描かせている（本作の編著者は柳荷五瀾ながら正体は春町だとする説や喜三二と南畝の関与を指摘する説がある）。

喜三二と春町の名コンビ

喜三二は鱗形屋孫兵衛が春町に次いで売り出した期待の戯作者に他ならない。

重三郎が喜三二に狙いをつけた裏には、やはりホームグラウンドたる吉原が大きく作用している。喜三二の本名は平沢常富《つねまさ》という。れっきとした武家、秋田藩の江戸留守居役だった。この役職は藩の外交官というべきもので幕府や諸藩との交渉、情報収集などを担当する。喜三二は役職柄、足繁く夜の社交場たる吉原に顔を出していた。留守居役については、江戸を代表する思想家の荻生徂徠が『政談』で「仲間同士の酒宴遊興に藩主の金銭を使い」「幕府との関係の密なることを鼻にかけ」などとケチョンケチョンに貶している。だが吉原にとっては上々の顧客にほかならない。

重三郎と喜三二の交誼は吉原に始まり、この遊里で深まっていったと考えて間違いあるまい。重三郎が親戚筋のコネクションを使えば、戯作者としての喜三二あるいは表の顔の平沢常富と繋がることができたはず。

「ウチの甥っ子でちっぽけな本屋がおりまして、平沢様にご挨拶をといっております」

引手茶屋の主人からこんなふうに懇願されたら一度くらいは逢ってくれただろう。あるいは、重三郎が鱗形屋孫兵衛のルートを使った可能性も捨てきれない。

「ひとつ、喜三二さんの宴席に私も侍らせてもらえませんか?」

重三郎に懇願された孫兵衛、旦那風を吹かせて酒宴をセッティングしてやった――。この仮定が生きるとしたら、安永四(一七七五)年七月以前のことになる。なぜなら、重三郎はこの月にオリジナルの吉原細見『籬の花』を刊行し、主家だった孫兵衛に後足で砂をかけているからだ。

『当世風俗通』。国立国会図書館デジタルコレクション

いずれにせよ、重三郎は千載一遇のチャンスをモノにし、喜三二の懐に入り込んだ。それは、重三郎の人としての磁力にプラスして、本屋に求められる資質のきらめきがあったからこそ。

喜三二は重三郎より十五歳上、秋田出身ではなく江戸の生まれのうえ、若かりし頃は〝宝暦の色男〟の異名をとる遊び人だった。ひょっとしたら、重三郎は少年期から喜三二の浮名を聞いていたかもしれない。

重三郎と喜三二は肝胆相照らす仲になった。重三郎は『娼妃地理記』を皮切りに喜三二作の戯作を世に問うていく。そればかりか吉原細見の序文も喜三二が常連となった。いや、重三郎が手を伸ばしたのは喜三二だけではない。

前述したように喜三二は春町とのコンビで活動することが多かった。その嚆矢は、安永二年の洒落本『当世風俗通』で、遊里でオシャレにふるまうための指南書だ。文と画は金錦佐恵流《きんきんさえる》、きんきんは「金々」が流行最先端を意味することは前述したとおり、さえるは「冴える」と解せよう。この作者、実は喜三二と春町で、この名は藤子不二雄のような共同ペンネームだった。重三郎にとって喜三二を釣り上げた、いや昵懇になれたことで、春町をも知己の輪に加えることができた。恋川春町の本名は倉橋格といい、駿河小島藩の武士。延享元（一七四四）年生まれだから重三郎の六歳上になる。重三郎にとって、十五歳上の喜三二が伯父貴なら春町は兄貴分というところか。黄表紙黎明期のビッグ2が町人ではなく武家だったというのもチェックポイントだ。彼らにとって代わる、町人出身の戯作者が登場するにはもう少し待たねばならない。

余談ながら『当世風俗通』の版元は著々羅館蔵と巻末にある。その後、春町は『金々先生栄花夢』で大躍進するのはもちろん、喜三二も鱗形屋の主要作家として活躍していた。孫兵衛は黄表紙でも重三郎においしいところを持っていかれる仕儀とあいなった。

もっとも、重三郎のしたたかさだけを強調しては手落ちになるかもしれない。孫兵衛が極めつけの高徳な人物（あるいは、とことんお人好し）のうえ、重三郎に特別目をかけていたという解釈もなくはない。その見立てなら、細見の際は自家の大騒動で手の回らぬ孫兵衛が、将来性豊かな若者の重三郎に版権を譲ってやったということになる。次いで、重三郎が黄表紙を発刊しようと企図したら、よろこんで喜三二を紹介してみせた……。生き馬の目を抜く江戸の本屋業界で、このような事々があったとは想像しにくいけれど。

キーパーソン北尾重政を押える

重三郎－喜三二のタッグには北尾重政が被さってくる。

重政は浮世絵界の重鎮として知られていた。彼は元文四（一七三九）年生まれ、重三郎より十一歳年かさなので、喜三二や春町とのデンでいくと叔父貴になろう。重政は、江戸の浮世絵師の経歴を考証した『浮世絵類考』に「男女の風俗武者絵」と「花鳥の写真」を描き「錦画双紙（筆者注・草双紙）の絵尤《もっとも》多し、名手の一人と云べし」と記されている。

重三郎と彼との付き合いは安永三（一七七四）年の『一目千本』にまで遡る。重政は重三郎の黄表紙進出にあたって主要絵師として参画するのみならず、弟子の政演《まさのぶ》つまりは山東京伝と重三郎の出逢いにも深く関与している。重政の門下は俊英揃いだった。政演の他にも北尾政美、窪俊《くぼしゅん》満《まん》らがいた。また、重政は本屋の須原屋三郎兵衛の長男だったから、重三郎にはその方面のアドバイスもできた。加えて、重三郎と喜三二の縁を仲介したのが重政だったという仮説もたてられよう。

さらに重政は、石燕のもとで修業していた若かりし歌麿の良き相談役だったといわれている。そうなると、重三郎と歌麿の出逢いの機縁は重政から生じたとする可能性が浮上してくる。石燕とのルートには歌麿だけでなく、もうひとり志水燕十もいた。彼は画よりも文章に優れ、重三郎のもとで戯作を発表するようになる。そして石燕といえば、前述したとおり春町の師匠。「喜三二‐春町‐重政」のラインを緊密にしつつ、重三郎はじっくり耕書堂版黄表紙のアイディアを練り、彼らとディスカッションを重ねたことだろう。

そうやって、ライバルの本屋たちを圧倒する人材ネットワークが構築されていったのだ。

いざ、「黄表紙」開板大攻勢

安永九（一七八〇）年、いよいよ重三郎は初めての黄表紙開板に挑む。

しかも一挙に十点という大攻勢、この年の江戸の本屋の黄表紙作品総数は七十三点、黄表紙が誕生した安永四年以降で最高を数えている（広瀬朝光『戯作文芸論』笠間書院）。

重三郎が有名書店に伍していけたのは、喜三二を筆頭に重政、政演らが制作陣の中核を担ってくれたからこそ。この時点で喜三二は春町と並ぶ斯界の第一人者の地位を得ている。喜三二と重三郎の蜜月関係は書肆「蔦屋耕書堂」の名を大いに高めた。耕書堂は吉原の本屋から江戸の本屋へと大きな一歩を踏み出す。

『廓花扇観世水』。国立国会図書館デジタルコレクション

さっそく耕書堂のラインナップをみていこう――『廓花扇観世水《くるわのはなおうぎのかんぜみず》』『鐘入七人化粧《かねいりしちにんけしょう》』『龍都《たつのみやこ》四国噂《しこくうわさ》』の三作は喜三二の文になる。

重政の弟子の政演は、喜三二の『廓花扇観世水』や『夜野中狐物《よのなかこんなもの》』『通者云此事《つうとはこのこと》』で画を担当した。『夜野中狐物』の文が王子風車、『通者云此事』は不詳となっている。しかし、両作とも政演の文ではないかとされている。というのも、人を喰ったこれらのタイトルが、いかにも彼らしいユーモアセンスに満ちているからだ。政演は山東京伝として同年『娘敵討古郷錦《むすめかたきうちこきょうのにしき》』、二年後に出世作『御存商売物《ごぞんじのしょうばいもの》』を開板している。これら四作の表題を並べたら共通する諧謔のセンスが汲み取れよう。行きがけの駄賃に記すと、王子風車なる戯作者は政演の画を得て、『夜野中狐物』の続編『其後瓢様物《そののちひょんなもの》』を開板している。これも政演の文と画だろう。

＊

耕書堂の参入で江戸の戯作界は黄色に染まった。

黄表紙の読者の中心は下級武家と庶民の青年から壮年、それが吉原細見を手にする層とダブったのは一石二鳥だった。江戸の男たちが「細見－吉原－耕書堂」と連想することは無理のないところ。何しろ安永年間の重三郎は本で吉原のPRに努め、この遊里のイメージアップに寄与するところ大だった。粋、通という江戸っ子の美意識は吉原にシンボライズされるのみならず、黄表紙の創作精神にも通底している。絵草紙屋の店頭で客はこんなことを言い交わしたのではないか。

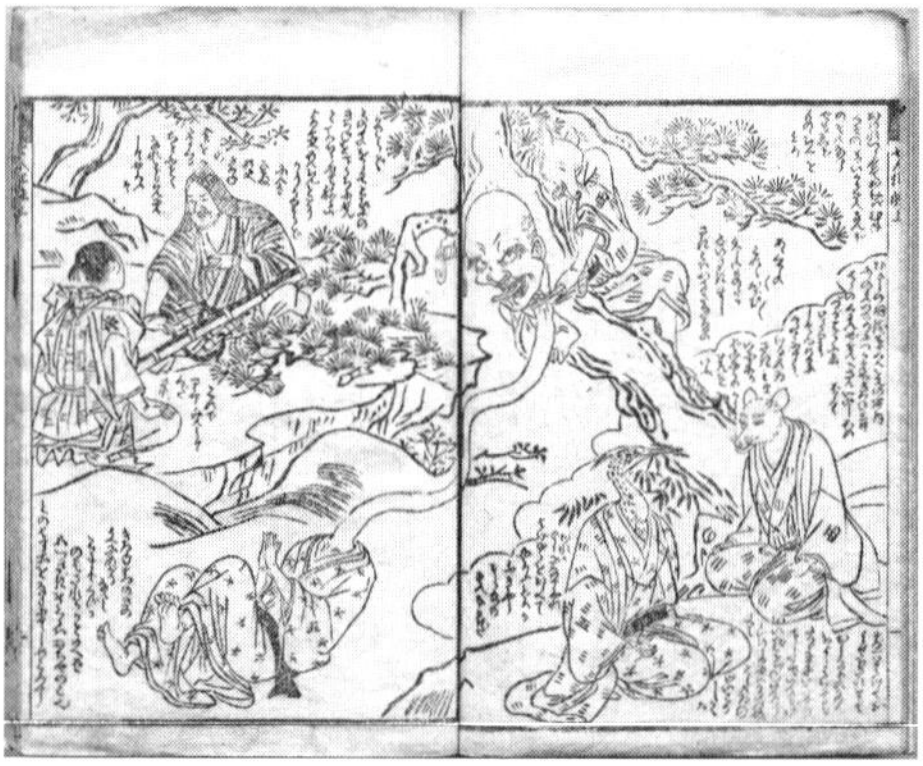

『鐘入七人化粧』。東京都立中央図書館加賀文庫蔵

「吉原の本屋が黄表紙とは粋だね。しかも喜三二の作ときた日にゃ読まなきゃなんめえ」

若き耕書堂主人と戯作者、絵師たちは祝杯をあげたことだろう。

販路と制作スタッフを固める

とはいえ、重三郎は夜な夜な彼らと交遊を深めて悦に入っていただけではない。

本屋ビジネスはそれほど気楽なものであるはずがない。

ならば、重三郎は何を求めて奔走していたのか？　彼の抱える課題は「販路」と「制作スタッフ」だ。従来の吉原ガイドブックや遊女カタログは吉原廓内とそこから派生する販売網を使えばよかった。しかし、黄表紙を販売するとなれば江戸市中をカバーする新たな、しかも大規模な販売ルートが必要となる。

　また、重政や政演ら北尾一派の画をフィーチャーした冊子を制作するからには、彫りと摺りの熟練工を確保しなければいけない。名うての職工たちは大手本屋の仕事で手一杯のはず。喜三二たちとの知己を得ながら、なかなか黄表紙開板に踏み切れなかったのは、このあたりの事情が大きかったと推測できよう。

　耕書堂の黄表紙を江戸市中の本屋と絵草紙屋の店頭に並べ貸本屋に配るには、問屋を介する必要がある。だから、かつて重三郎は『青楼美人合姿鏡』の開板に際し、本石町拾軒店に店を構える山崎金兵衛との相板（共同出版）という体裁をとった。実質的な版元は重三郎でありながら、問屋機能を持たぬため山崎金兵衛の名と実を借りたわけだ。おかげで重政と勝川春章の二大巨匠が絵筆を執った、美麗で豪華な俳諧絵本は吉原圏外でも販売することができた。同様の手法は『青楼奇事烟花清談』における、日本橋万町の上総屋利兵衛との相板にもみられる。

　重三郎は金兵衛や利兵衛に、黄表紙でも江戸市中で販売する便宜を図ってほしいと掛け合ったのはもちろん、他の有力版元たちの間を駆けずり回ったことだろう。

　もっとも、もっと簡便かつ実利の大きい手立てはある。それは蔦屋耕書堂が問屋の権利を得ること――当然、重三郎はコネとツテを駆使したに違いあるまい。しかし、この期間に耕書堂が新規の問屋として認められたという資料はない。残る手段としては、既存の問屋の権利を買収する方法があるのだが、こちらも思惑どおりにはいかなかったようだ。

それでも、重三郎は大量の黄表紙発刊に漕ぎつけたのだから結果オーライというべき。江戸の問屋連中が耕書堂初の戯作を扱ってくれたのは、細見を軸に吉原商圏をがっちり掌握している点を考慮したからか。オーバーな表現が許されるなら、耕書堂を敵に回すと吉原で本を売れなくなってしまう。加えて大きかったのは、やはり世に名高い喜三二の文と重政の画という強力無比な制作陣のネームバリューだ。本屋ビジネスを考えれば「喜三二－重政」の戯作を流通に乗せない手はない。

＊

しかし、黄表紙を制作する職工たちはどうか。当然、重政が彫師、摺師を紹介してくれたとは思われる。でも、だからといって多忙な職工たちが、わざわざ吉原の若手本屋のために隙間をあけて仕事をしてくれたかどうか……。

ここで——またもや鱗形屋孫兵衛の名が出てくる。

安永四（一七七五）年のスキャンダルを機に鱗形屋は衰運をたどり、出版点数の減少が目立つようになった。そして、安永九年にはすべての草双紙開板中止という異常事態に陥る。江戸出版文化研究者の今田洋三や松木寛によれば、孫兵衛は「某大名とのかかわり合い」のある不祥事に巻き込まれて、江戸を「一時所払い」に処せられたという。この処罰のおかげで、鱗形屋に出入りしていた職工たちのスケジュールにぽっかりと穴が開いたのは自明のこと。渡りに船、重三郎はここぞとばかりに交渉に乗り出しただろう。しかも、彼が持ってきた仕事は喜三二や重政という売れっ子執筆陣の黄表紙、職工サイドにすれば断る理由はない。

いずれにせよ、重三郎は細見に次いで黄表紙でも孫兵衛の後を襲う形でおいしいところをかっさらっていく。

狂歌ブームを追い風に

黄表紙開板二年目、三十二歳になった重三郎はさらなる快進撃を続ける。

天明に改元した年（一七八一）、大田南畝は役者評判記のパロディである絵草紙評判記『菊寿草』を執筆、耕書堂の黄表紙を手放しで褒めた。これにまつわる経緯は第二章で触れたが——当時、南畝は高まりつつある狂歌ブームを背景に戯作界でステイタスを持ち始めていた。その彼が黄表紙をランク付けするというのだから注目度は自ずと高くなる。

耕書堂版黄表紙は『栄花程五十年《えいがのほどはごじゅうねん》蕎麦価五十銭《そばのあたいはごじっせん》見徳一炊夢《みるがとくいっすいのゆめ》』（喜三二文、重政画）が立役之部（歌舞伎でいう主役俳優）で第一位を受けた。他にも『息子妙薬《むすこのみょうやく》一流万金談《いちりゅうまんきんたん》』（喜三二文、政演画）は道外形之部（三枚目役）で一位。さらに喜三二文、重政画の『鐘入七人化粧《かねいりしちにんけしょう》漉返柳黒髪《すきかえすやなぎのくろかみ》』も若女形之部で一位に選ばれた。

喜三二は作者之部一位（政演と思われる風車も八強入り）、絵師之部で一位に重政、政演が三位に食い込んだ。さらに太夫元之部、つまり出版部門で鶴屋、村田屋、奥村、松村、西村、いせ次、岩戸屋という錚々たる本屋に並んで蔦屋の名が記されている。蔦屋重三郎一党の快進撃ぶりは、他の書肆にとっても衝撃だったろう。こうして、しょせんは吉原の本屋と思われていた耕書堂は一躍、有力本屋として認知を得たのだ。

そんな中でも重三郎は浮かれることなく彼らしさを発揮している。ひとつは着実な経営で、耕書堂は引き続き吉原細見、富本正本、往来物の開板に精力的だった。

もうひとつ、重三郎は先行投資を忘れない。滑稽本『身貌大通神略縁記《みなりだいつうじんりゃくえんぎ》』で有望な新人たちに仕事を任せている。この戯作の文は志水燕十、画に忍岡哥麿すなわち喜多川歌麿を起用した。燕十と歌麿が石燕の弟子であることは先に記した。燕十は後に馬琴が『近世物之本江戸作者部類』で「才子」と認めるほどの輝きをみせるものの、この頃は無名だった。歌麿とて、まだまだ駆け出しの域を出てはいない。重三郎はそんな彼らにことのほか眼をかけ、義兄弟同然の付き合いをしていく。

翌天明二年も南畝は絵草紙評判記『岡目八目』で、喜三二と重政の『夫は小倉山 是は鎌倉山 景清百人一首』を立役之部第一位に据えた。特筆すべきは敵役之部で『跡を老松 東へ飛梅 我頼人正直《われたのむひとのまこと》』がトップに選ばれたことだ。文と画は恋川春町、本作は彼が耕書堂から最初に開板した黄表紙のひとつとなった（もう一作は『何処の紺屋で 染めたやら 雛形意気真顔《ひながたいきまなづら》』）。黄表紙の開祖たる春町が、満を持して重三郎のもとから開板を果たす――この事実は、耕書堂が喜三二、春町の両巨頭を抱え込んだということに他ならない。前年の耕書堂の大躍進に続き、江戸の本屋たちは瞠目したことだろう。

天明二年の耕書堂版黄表紙は六作、そのうち喜三二と春町で四作をものし、残りの二作は喜三二門人の宇三太（画は重政）と南陀伽紫蘭（画は政演）。後者の正体は重政の弟子で窪俊満、彼も政演と同様に文筆の才を発揮していく。南陀伽紫蘭は俊満の狂歌で用いたペンネームだ。このあたりの動向から、黄表紙人気と相まって狂歌ブームが盛り上がっていく様子を感じていただきたい。

さらに追記すれば、最高傑作に選ばれたのは政演が山東京伝の名で書いた『御存商売物』。絵師北尾政演は本作を機に戯作者山東京伝へと勇躍する。ただし、本作の版元は重三郎ではなく鶴屋喜右衛門。それでも重三郎は大ヒットを寿いだに違いあるまい。何しろ政演はすでに麾下に入っているわけだし、こうして京伝の名が上がれば、次に耕書堂で仕事をする際の前宣伝になり、商売がしやすくなる——。京伝は町人出身の戯作者として春町や喜三二の次代を担っていく。

日本橋通油町に進出

重三郎は黄表紙開板で圧倒的な力をみせつけ「有名」書肆のメンバー入りを果たした。だが、彼はそれだけで満足せず、もうひとつ「一流」という冠を獲得する。天明三（一七八三）年九月、三十四歳となった重三郎は通油町に進出した。通油町は五街道の起点のお江戸日本橋の北側、現在の中央区日本橋大伝馬町あたりだ。橋のすぐ北に伸びる室町と並ぶ商業の中心地として大店が軒を連ねていた。橋詰には魚市場がある。

日本橋界隈に店舗を構えるというのは自他ともにトップクラスと認められることを意味した。南畝は、前節で紹介した『菊寿草』に一流書店の象徴としての通町組と吉原の本屋だった耕書堂のファンとの掛け合いを描いている。その件《くだり》を訳出しよう。

通町組「どういうことだ、他に本屋がないみたいに蔦屋の黄表紙を巻頭極上々吉に選ぶとは」
耕書堂の贔屓「通油町の一流書肆なんかクソ喰らえだ。吉原の大門に入ったことがねえのか、吉原細見が目に見えねえのか」

執筆時の南畝は重三郎の通油町進出の野望を知らなかったのだろう。せっかく吉原の本屋に肩入れしたのに、当の耕書堂が通町組の一員に収まってしまったのだから。

馬琴は『近世物之本江戸作者部類』で重三郎の通油町進出を重視している。

「通油町なる丸屋といふ地本問屋の店庫奥庫《みせぐらおくぐら》を購得《あがないえ》て開店せしより、その身一期繁昌したり」

重三郎は丸屋買収の際もしたたかさを発揮した。居抜きで使える書店と書蔵を手に入れただけでなく、丸屋小兵衛が有していた、念願の地本問屋としての機能や業務、流通に関わる権利も丸ごと掌中に収める。おかげで、耕書堂は名実ともに有名かつ一流の本屋に変貌できたのだ。

今さらながら補足すると――江戸の大きな「本屋」は書店だけでなく出版社と取次（問屋）も兼ねていた。現在の出版界が出版社、取次、書店とそれぞれ別個なのとは大きく異なっている。江戸の大手本屋は出版に関するビジネスのすべてを掌握していたわけだ。

そして扱う本は「書物」と「草紙」に大別されていた。書物は神仏儒、古典、歌書、学問などのお堅い出版物。草紙といえば肩の凝らないジャンル、子ども向けの絵本に大人の娯楽本、吉原細見なんぞも含まれた。高尚な書籍は「書物問屋」、「地本問屋」が扱うのはエンタメ本や浮世絵ということになる。通油町が位置する日本橋周辺には耕書堂が進出する前から鶴屋喜右衛門、鱗形屋三左衛門、山形屋市郎兵衛、松会三四郎などの地本問屋が並んでいた。書物問屋では須原屋茂兵衛と須原屋市兵衛、前川六左衛門らがいた。

「地本」ムーブメントの到来

この天明三（一七八三）年、重三郎は吉原細見を独占出版するに至っている。細見、黄表紙で圧倒的な力を見せつけたことは耕書堂のステイタスをいやが上にもアップさせた。江戸じゅうの絵草紙屋や貸本屋が地本問屋たる耕書堂に日参したことだろう。

とはいえ、地本問屋は書物問屋から格下に見られていた。地本の「地」には文化の中心の上方から遠く離れているという意味合いがある。地方とは田舎のこと、京・大坂からみれば江戸もまた関東にある地方でしかない。地本に地酒、地女……いずれにも軽視と侮蔑が漂う。

江戸時代の出版文化はずっと京と大坂が本場だった。上方の有力本屋が開板する書物を、江戸の本屋や上方の本屋の支店が売り捌く構図ができあがっていた。上等、上質な書物は上方から江戸へ下ってくる。そうでない、江戸で開板される地本は「下らない」のだ。

しかし、重三郎は己と江戸の庶民、まして耕書堂が手掛ける出版物を卑下することはなかった。黄表紙の隆盛と狂歌ブームの到来は江戸の出版文化を大きく底上げした。粋、通、張り、滑稽、バカバカしさ、諧謔……これらの感覚こそは江戸っ子が育て、身につけたものに他ならない。「粋だねえ」は最大の褒め言葉、一方「野暮」とか「無粋」といわれてしまえば返す言葉もない。そんな価値観が江戸に浸透し黄表紙や狂歌を生む土壌となった。寛永期（一六二四〜四四）における建築や絵画、工芸から、元禄（一六八八〜一七〇四）文化の文芸に芸術などは上方で興隆した。しかし、天明期を迎え百万人都市江戸が文化面で上方を凌駕するようになっていく。

前掲した広瀬の『戯作文芸論』によれば、天明三年の黄表紙開板は安永九（一七八〇）年を上回る八十四点、天明四年には九十二点と史上最高を記録する。重三郎が『菊寿草』で高く評価された礼をするため南畝を訪ね、これをきっかけに彼を取り込んだばかりか、ほどなく黄表紙の戯作者、絵師を含めた文壇を牛耳ることは本書の読者ならご存知の通り。

蔦屋重三郎は天明から寛政にかけて黄表紙、狂歌、浮世絵で江戸文化を牽引し、後世にいうところの「化政文化」へ昇華させていく。

「耕書堂の本を読むと江戸がいちばんってぇ気になってくるぜ！」

江戸っ子たちはこんなタンカを切ったことだろう。重三郎が原動力となった地本ムーブメントの到来は、「京・大坂の本のほうが上等」というパワーバランスをひっくり返してしまうのだ。

第四章　絶頂の「田沼時代」から受難の「寛政の改革」へ

遊び心と絶妙のコラボ

天明期、蔦屋重三郎の快進撃は止まることをしらなかった。

彼が開板する作物（作品）は江戸のトレンド、当時の言葉でいう「当世」の最も〝おいしい〟ところを踏まえていた。これを実現できたのは、重三郎のプロデューサーとしての機智と戯作者、絵師たちの才能が融合したからに他ならない。また、重三郎が提供する流行の黄表紙や狂歌本はどれも程がよかった。妙に高邁ではなく、ヘンに下卑てもいない。もちろん、手垢にまみれて飽きられつつある作物を開板する愚なんか犯すわけがない。セールスのタイミングを計り、内容を吟味するセンスは圧倒的だった。

それでも、恋川春町や山東京伝は挿絵の片隅なんぞへ、かなりの事情通でしか気づかぬ、微に入り細を〝穿〟った細工を紛れ込ませたりした。しかし、それも作者の遊び心があってのこと。作品を貫くのは、かつて風来山人こと平賀源内が南畝のデビュー作『寝惚先生文集』の序文で韜晦を込めていった「同好之戯家《たわけ》」、いわば「戯家の同士」という「版元 - 作者 - 読者」を貫く遊び心だった。

重三郎の手腕は人選にも発揮された。大田南畝ほか数多くの狂歌師、恋川春町や朋誠堂喜三二たちの筆はいずれも旬を迎えている。そこに北尾重政や喜多川歌麿といった、これまた実力派の絵師をコラボさせる当意即妙さ。重三郎の演出するコンビネーションは、ウイスキーのブレンダーがいくつもの樽に眠る酒の熟成具合を見極め、絶妙の匙加減で調合し垂涎の一本を作り出す技にも匹敵する。

ところが、吉原細見から狂歌集、黄表紙と彼は各ジャンルで先陣を切ったりしなかった。いずれも先駆者の栄誉を他の本屋に譲っている。そこには資金調達や販売網整備などの事情も絡んでいた。とはいえ、だからといって重三郎が焦燥に苛まれたり地団駄を踏んで悔しがった形跡はない。そのことは、重三郎が手掛けた出版物が、決して後追いや二番煎じの域にとどまっていないことからわかる。いくつもの作品が内容と実売において先発隊を凌駕し、さらなるブームを巻き起こしてみせた。だからこそ、江戸の本屋の覇者となり得た。

先に打って出た書肆たちは、体《てい》のいい露払い役だった。重三郎は江戸の出版界の先覚者であり、ムーブメントを引っ張る先導者でもあった。決して、柳の下の二匹目のどじょうを漁るモノマネ本屋ではなかったのだ。

「蔦重」というブランド

重三郎の名は作物のヒットと共に知れ渡っていく。

その好例として「蔦重」という略称がある。誰が「蔦重」と呼び始めたのか——あれこれ資料を当たってみたが、その実態はわからなかった。おそらく細見の販売から改《あらため》、版元とステップアップする間に、吉原では「蔦重」がニックネームになっていったのだろう。これが、安永以降は吉原以外にも浸透していったと思われる。

鈴木俊幸の『新版　蔦屋重三郎』によれば、安永九（一七八〇）年正月初演の浄瑠璃「碁太平記白石噺」（作者は烏亭焉馬《うていえんば》他）七段目に重三郎を当て込んだ人物が「本重」「本屋の重様」として登場しているとある。同様に天明四（一七八四）年の耕書堂開板の歳旦狂歌集『前編 栗の本　大木の生限《はえぎわ》』で宿屋飯盛は序文に「さらりと柳のみとり橋本重が請にまかせ」と記した。みとり橋とは緑橋のこと、重三郎が転居した日本橋通油町を意味する。重三郎は蔦重だけでなく「本重」ともいわれていたことがわかる。ここでおさらいをすると——重三郎の本姓は喜多川で本名が柯理《からまる》。狂歌名は本名と屋号の蔦屋にかけて蔦唐丸《つたのからまる》、書肆名が耕書堂でトレードマークは富士山形に蔦の葉だった。

蔦重の愛称や耕書堂の商標は天明期になっていっそう人口に膾炙したことだろう。

本屋仲間では同様に西村屋与八が「西与」、鶴屋喜右衛

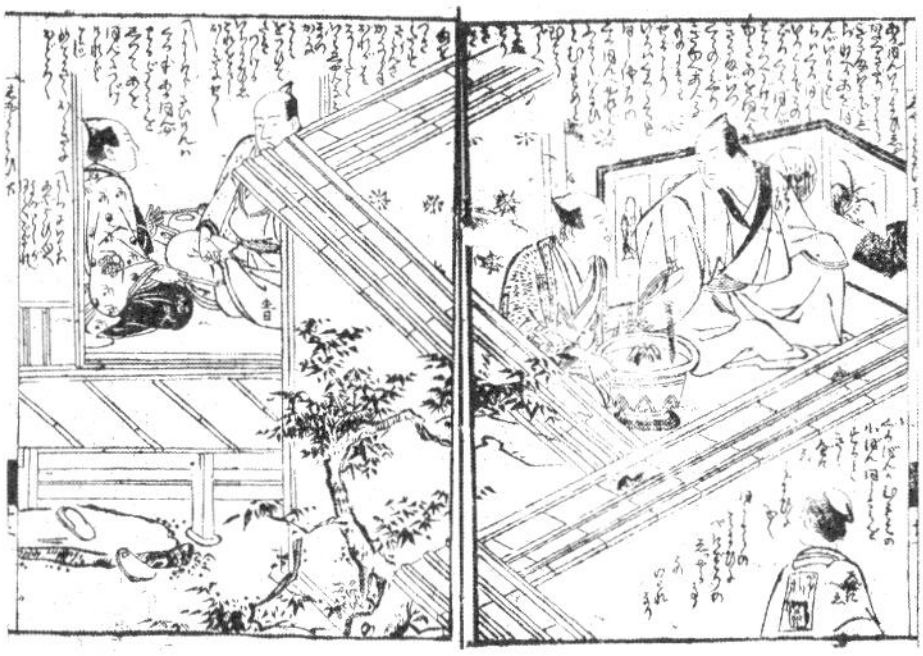

『御存商売物』。左端の男の袖の紋に注目。富士山形に蔦の葉は蔦屋のマーク。東京大学総合図書館蔵

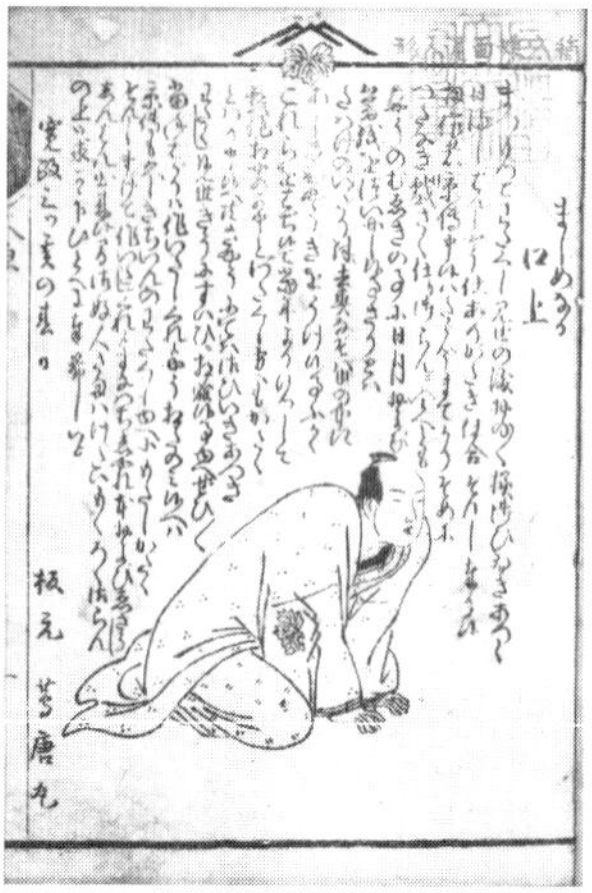

「まじめなる口上」を述べる蔦重。『箱入娘面屋人魚』より。東京都立中央図書館蔵

門も「鶴喜」と略称で親しまれていた。いずれも有力地本問屋だ。蔦重も先輩たちの列に加わったわけだが、その人気と実力は一頭地を抜く存在だった。第二章でも紹介した『近世物之本江戸作者部類』において馬琴が記した一節を思い出していただきたい。

「世才《せさい》人に捷《すぐ》れたりければ、当時の諸才子に愛顧せられ、その資《たすけ》によりて刊行の冊子みな時好《じこう》に称《かな》ひしかば、十余年の間に発跡《はっせき》して、一、二を争ふ地本問屋になりぬ」

蔦重は誰もが認める、江戸でいちばんの本屋だったのだ。

元祖〝出たがり〟編集者

ついでに書くと、一流書肆だからといって必ずしも名を約《つづ》めて呼ばれたわけではない。例の鱗形屋孫兵衛なんぞは、ついぞ「鱗孫」と称されはしなかった。もっとも、これは孫兵衛と蔦重の自己顕示欲の差でもあろう。孫兵衛とて自家の本に姿を現したこともあったが、重三郎の比ではない。重三郎は先ほど紹介した浄瑠璃にとどまらず、京伝の出世作『御存商売物』（鶴屋喜右衛門版、天明二年／一七八二）、春町が文と画を担当し当代の人気狂歌師を総出演させた『吉原大通会』（岩戸屋源八版、天明四年）にも描かれている。

もちろん耕書堂から開板した戯作にも再三登場した。『恒例形間違曾我《いつものかたまちがいそが》』（喜三二文、重政画、天明二年）、『絵本吾妻抉《えほんあずまからげ》』（蔦唐丸編、重政画、天明六年）、『亀山人家妖《きさんじんいえのばけもの》』（喜三二文、重政画、天明七年）などなど。甚だしきは寛政三（一七九一）年開板の『箱入娘面屋人魚《はこいりむすめめんやにんぎょう》』（京伝文、歌川豊国画）で、巻頭から長々と「まじめなる口上」を述べている（その内容は後述する）。戯作に出張る蔦重は、たいがいが笑顔。そのうえ図々しくも狂歌や原稿を催促していることが多い。いずれも版元と戯作者、絵師との馴れ合いの気配が濃厚、重三郎にも〝出たがり〟の気味が強い。

しかし、結果として蔦重の名と姿は読者に印象深く刷り込まれたことだろう。蔦重が江戸の有名人になれたのは、セルフプロデュースの成果ともいえそうだ。

地方にも広がる名声

蔦重の名は江戸どころか地方にも及んでいた。前出の『近世物之本江戸作者部類』にはこうも書いてある。

「その名田舎までも聞えて、いよ〳〵生活の便宜を得たりしに」

地本や浮世絵などは格好の江戸みやげだった。これらを扱う絵草紙屋は、地方から来た人たちにとっては絶好のスーベニールショップでもあった。安永後期から天明期は、地本がかつての「地方」「田舎」といったニュアンスを払拭し、「上方の本に比べると落ちる」というコンプレックスを克服した時代でもある。地本は「通」「粋」という江戸ならではの美意識と「最新流行」を体現するようになっていた。とりわけ重三郎が扱う吉原細見や黄表紙、狂歌集などは最先端ジャンルのうえ執筆、作画担当に人気者が揃っている。

「どうせ黄表紙を買うんなら、日本橋通油町の蔦重のところで」

これは正直でまっとうな購買動機というべきだろう。当時、耕書堂が江戸の名所、観光スポットに数えられていたとしてもおかしくはない。耕書堂に足を踏み入れたということ自体が、またとないみやげ話になっていた——。

北斎が描いた店内

往時の耕書堂はどんな店だったのだろう。

葛飾北斎は『画本東都遊《えほんあずまあそび》』の中に「絵草紙店《えぞうしだな》」と題して耕書堂を活写している。店先の角型行燈や暖簾に記されているのは富士山形に蔦の葉のトレードマーク。行燈には「通油町　紅繪問屋　蔦屋重三郎」「あぶら町　紅繪問屋　つたや重三郎」と墨書されている。軒下の暖簾には黒地に白抜きで耕書堂とある。画面右端から順に『浜のきさこ』『忠臣大星水滸伝』『東都名所一覧』『狂歌千歳集』の看板が並ぶ。これらは新刊告知あるいは絶賛発売中の告知。『浜のきさこ』の看板は半分しか描かれていないから、その隣にはもっとたくさんの板書きを連ねていたのかもしれない。

店頭には賑々しく錦絵や草紙が平積みされている。中央の三段になった棚にディスプレーしてあるのは一枚絵の錦絵など。最上段の真ん中と左端、二段目の右端と中央の売れ行きがことさら上々と知れる。上段の三種の絵は風景画だろうか、二段目右端は鉞《まさかり》を掲げた金太郎らしい。最下段に積まれているのは草紙類とみてよかろう。

店内には数人のスタッフ。右手前では包丁のような刃物で紙を裁断、本の小口を切り揃えている。別の男も摺り物の束を揃えているか、折り目をつけている様子。こういう仕事は作業場でこなしたはずだが、北斎は製本作業をみせることで本屋の内実もアピールしたかったのだろう。画には、もうひとり総髪の男がいて摺り物の束を手にしている。彼が扱っているのは何かの番付だろうか。当時は力士、役者に始まって絵師や戯作者どころか美食、銘酒、ペットの鼠などなどさまざまな番付がつくられ好評を博していた。

客はというと、武士が浮世絵を熱心に吟味中。背後に控える従者も首を突き出し覗きこんでいる。主従が旅装なのは、やはり江戸みやげを求めにきたとみえる。奥には別の武家を笑顔で接客している禿頭の男。いかにも店主然としているけれど、戯作に登場する重三郎はどれもスキンヘッドではない。この男の風貌が老年で枯れており、細面なのも気に入らない。蔦重はたいてい少年のように豊かな頬をしたエネルギッシュな男として描かれている。

『画本東都遊』の「絵草紙店」。二代目主人が経営する蔦屋。画は北斎。国立国会図書館デジタルコレクション

してみると、店の奥の男は蔦重ではないようだ――と、ここまできてネタばらしをするのは恐縮ながら、『画本東都遊』の原画はもともと寛政十一（一七九九）年刊の狂歌本『東遊』に収録された墨摺りの挿絵だった。それを享和二（一八〇

二）年、彩色摺りに仕立て直したものだ。寛政十一年の時点で蔦重はもう黄泉の客となっているから、僧形の男は二代目蔦屋主人となろうか。

耕書堂で吸う江戸の空気

残された資料を加味しつつ、もう少し耕書堂の賑わいぶりを思い描いてみたい。

耕書堂に足を運んだのは『画本東都遊』のように武家や江戸みやげを探す客たちばかりではない。狂歌と黄表紙に代表される通や粋、洒落、穿ちに感化された江戸っ子にとって、蔦屋耕書堂は江戸美学の総本山のような位置づけだった。おまけに摺り物は当時の重要な情報ソースでもある。江戸の衆はこんなことをいい交わしていたのではないか。

「蔦重の本屋へいきゃ、世の中の流行りがわかるってことさ」

「今度はどんな本が並ぶのか気になって仕方がない」

江戸の人々は絵草紙屋や貸本屋がもたらす戯作や浮世絵などから情報を得ていた。絵草紙屋、貸本屋が江戸市中という大海に流れ込む川だとすれば、その上流にある源泉が地本問屋の耕書堂なのだから〝ありがたさ〟も格別だ。なかにはこんな不埒な客もいただろう。

「黄表紙を買わなくても耕書堂であれこれ立ち読みするだけで充分だぜ」

通油町が位置する日本橋界隈には江戸を代表する豪商が並んでいた。両替から呉服、料理屋そして地本や書物問屋まで一流店が揃うエリアだから集客力は抜群。たとえ絵草紙がめあてでなくても、たまたま耕書堂の前を通りかかりフラッと入る客は多かったはず。店が混みあっていたり、客が列をなしていたりすれば、通りすがりであっても気になってしかたがない。つい自分も列の最後尾に並んでしまう……そんな顧客心理は当時も現在も変わらない。店の混雑は栄華の印。繁盛ぶりが口コミで伝播されれば耕書堂と戯作者、絵師の名がいっそう高まるというものだ。

蔦重はこう嘯いたことだろう。

「蔦屋耕書堂へ来れば江戸の空気というものが吸えるんです」

安永天明バブルを追い風に

安永から天明期、江戸には自由闊達なムードが満ちていた。だからこそ新しい文芸が生まれ、受け入れられた。ご時世の後押しなくして耕書堂の勃興と発展はあり得なかっただろう。

蔦重の駆け抜けた安永期から天明期は幕閣の中枢に田沼意次がいた。

田沼は時代の寵児だった。彼は重三郎より三十一歳上、享保四（一七一九）年に江戸で生まれている。十六歳で徳川吉宗の長男家重の小姓となり、家重が九代将軍となるのと歩調をあわせて出世街道を歩む。六百石の小身旗本だったのが、宝暦八（一七五八）年には一万石の俸禄で大名の列に加わった。巷間、立身したのは、酷い言語障害だった家重の意思を巧みに〝通訳〟できたからといわれている。

家重没後、意次は十代将軍家治にも重用された。明和四（一七六七）年には側用人に昇格、遠江国相良城主となる。安永元（一七七二）年、蔦重が義兄の店の軒先を借り吉原細見を販売していた頃、意次は老中に就任し幕政を支配した。以降、十八世紀末は「田沼時代」ともいわれる。意次の勇躍の軌跡は、蔦重が江戸を代表する本屋へと躍進し、文壇の元締めとして大手を振っていく過程と似ている。太閤秀吉が好例のごとく、出世物語は庶民からウケがいい。

意次は長く続いた緊縮政策を一変させ、財政再建と商業振興政策を打ち出す。貿易促進、計数銀貨の新規発行、蝦夷地開拓、専売制拡大、新田開発などの重商主義は一定の成果を得た。例えば職種、商売ごとに株仲間を組織させ冥加金《みょうがきん》を献上させるシステムが妙手となり、農政破綻による年貢不足をカバーし幕府の金蔵を潤した。商人たちにとって好況は何よりの好餌、富を得たなかには豪奢、贅沢に流れる者が出る。田沼時代がバブリーな色に染まったのも無理はあるまい。庶民だって好景気のムードに酔ったのだ。

蔦重もまたその恩恵を被った本屋だった。

戯作や狂歌、浮世絵の興隆のバックグラウンドには商業資本が富み、好景気の浮揚感を享受できた時代のムードがある。狂歌にうつつを抜かし、夜ごと吉原で遊興する連中は武家や商人、医師、妓楼の主人といった〝特権階級〟だった。だが、江戸の民は狂歌師を排斥するどころか憧憬の眼でみつめていた。

蔦重は田沼バブルという畑に狂歌やら戯作、浮世絵という種をまき、その実を摘み取ったのだ。

綻び始める田沼政治

だが、田沼政治には失策や弊害も目立った。

経済発展には成果を得たものの、これはあくまで幕府財政を富ませることが主眼。そのおこぼれにあずかれたのは一部の武家と豪商にすぎない。やがて富裕層と農民や町民との間の経済格差は甚だしいものになった。ことに農民たちの疲弊は著しい。そこへ安永六（一七七七）年八月からの三原山噴火があり、安永八年十月に桜島噴火もあった。安永九年六月、関東一円が大洪水に見舞われる。元号が変わった天明も自然の猛威は収まらない。天明三（一七八三）年の浅間山大噴火、前後して疫病も流行った。さらには陸奥や関東を飢饉が襲う。餓死者は数知れず、その肉を生き残った者が喰らうという地獄絵……日本国中が天変地異に翻弄されていた。

もちろん田沼のせいで自然災害が起こったわけではない。

だが、天災救済に手を拱くばかりで有効策を打てなかった。凶作で農作物は壊滅、耕作地を捨てて都会に流入する農民は後を絶たない。土地にしがみついた者は抗議、暴動に走る。全国で一揆や打ち毀しが続発した。農業の不振は米価高騰を招く。米不足につけこんで米穀商が売り惜しむ。こうなったら町民は暮らしがたちゆかない。

悪しき連鎖の末、田沼に対する庶民の羨望は怨嗟に変わった。

＊

田沼政治の誤謬として、贈収賄の横行も指摘される。

田沼は株仲間を奨励し、一部の商人に特権を独占させた。商人たちは利権を手にするため賄賂を厭わず、役人もためらわずに裏金を懐に収めた。同様のやり口は大名、旗本たちの猟官活動にも及ぶ。平戸藩九代藩主だった松浦清は随筆『甲子夜話《かっしやわ》』に、立身出世を叶えるべく、度々田沼

『江戸生艶気樺焼』。東京都立中央図書館加賀文庫蔵

の上屋敷を訪れたと告白している。しかし、松浦と同じ思惑の武家は数多い。座敷に入りきれぬ陳情者は廊下にまで溢れ、田沼が現れても顔を拝めぬていたらく。しかも、田沼に群がった諸家は「贈遺様々に心を尽くしたる」献上物を手にしている。

だが、田沼は押しかけた大名や旗本たちに対して人とも思わぬ態度で接したという。

天明三年、蔦重が三十四歳の時に、田沼の嫡男の意知《おきとも》は若年寄に就任という出世を果たす。田沼の権勢は、息子を幕政中枢に据えられるほど盛んだった。ちなみに蔦重も同年、日本橋界隈に進出し江戸でいちばんの本屋の名声を獲得している。ひょっとしたら蔦重は田沼の天井知らずの立身ぶりに己を重ね合わせていたのかもしれない。

ところが、天明四年三月二十四日に大事件が出来した。意知が江戸城殿中で旗本佐野善左衛門に斬りつけられたのだ。意知はこの時の傷がもとで死去する。佐野の犯行動機は、多額の賂《まいない》を贈ったにもかかわらず願いが叶わなかったとも、大事な家系図を意知に詐取されたからとも噂された。巡りめぐって、猟官運動の歪みが田沼に仇をなした。世間は田沼に同情するどころか犯人の佐野を持ち上げたという。

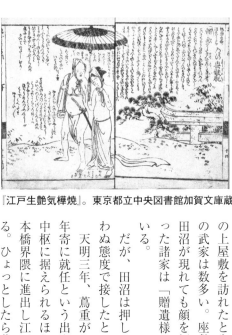

天明六年七月、江戸は未曾有の大洪水に見舞われた。城下の大混乱の最中、将軍家治が脚気による心臓疾患で逝去する。意次は強力な後ろ盾を失った。将軍の死が公表されたのは秋だが、その間にアンチ田沼勢力による粛清工作は着々と進む。八月末をもって田沼は老中を罷免され、閏十月には家禄のうち二万石と役宅を没収。翌年、残る石高まで召し上げのうえ蟄居を命ぜられる。また、幕政中枢に残っていた田沼派有力者も解任されている。

天明八年七月二十四日、勢威を剝奪された田沼は失意のまま冥土へ旅立った。享年七十。

アホだが憎めない主人公

蔦重は田沼失脚から松平定信の老中着任までの間も本屋稼業を怠っていない。

彼は田沼の勢威に翳りがみえてきたのを睨みつつ、戯作に金満で能天気な道楽息子を登場させ人気者にしてみせた。それが天明五（一七八五）年開板の『江戸生艶気樺焼《えどうまれうわきのかばやき》』だ。文は山東京伝で画が北尾政演による黄表紙だが、同一人物の作なのは本書読者なら先刻ご存知のこと。本作の主人公は大金持ちのひとり息子仇気《あだき》屋《や》艶二郎《えんじろう》という。「仇気」には「移ろいやすい気持ち」という意味がある。井原西鶴の『好色一代男』の世之介以来、戯作には仇気のある人物が数多く登場する。あるいは京伝、このところの田沼人気の凋落を「仇気」であてこすっているのかもしれない。

艶二郎は十九か二十歳、極めつけの遊び人で親も甘やかし放題。艶二郎は遊里でモテることばかり考えている。どんぐりマナコのうえ鼻はあぐらをかいた醜男ながら、どうにも自意識過剰で色男気取りなのだから始末が悪い。そんな彼が金にあかせて愚行を重ね、挙句の果ては遊女と男女の道行（心中）を実行に移してしまう――。

江戸の人々はこぞってこの黄表紙を読んだ。アホだが憎めない艶二郎は江戸の人気キャラクターとなる。『江戸生艶気樺焼』は天明期の黄表紙代表作として評価が高い（井上ひさしの直木賞受賞作『手鎖心中』はこの作品を原典にしている）。京伝は能楽者《のうらくもの》の性状だけでなく当時の職業や風俗、遊里と遊女の様子などに彼ならではの穿ちを駆使した。艶二郎が読売（瓦版屋）に己のことを摺らせ、タダで配ったりするところはネットの炎上商法や承認欲求、フェイクニュースに通じるものがある。天明と令和、昔も今も人間の考えることはそれほど変わっていない……。

京伝の名声は『江戸生艶気樺焼』で確立し、次代のエースの地位を確固たるものにした。蔦重にすれば京伝の成長は願ったり叶ったり。幕閣だけでなく戯作にも新しい波が台頭してきた。

京伝に続く狂歌壇の開板

だが、気を吐いたのは京伝ひとりにあらず。人材豊富なのが耕書堂の絶対的な強みだ。

特に眼を引くのは唐来参和《とうらいさんな》や恋川好町《すきまち》こと鹿都部真顔《しかつべのまがお》。彼らは蔦重が注力して組織した天明狂歌壇のメンバーに他ならない。狂歌師たちは田沼政治の一面を反映して享楽的だった。蔦重はそんな狂歌壇から抜け目なく才能を発掘、戯作を託したのだった。

唐来参和は南畝の門下、狂歌では質草少々《しちぐさしょうしょう》と名乗った。

曲亭馬琴の『近世物之本江戸作者部類』によれば、参和は幕府の儀礼や祭典を司る高家の家臣ながら、岡場所の娼家に婿入りするという数奇な人生を歩んでいる。天明三（一七八三）年、蔦重のもとで洒落本『三教色』を開板、そこに喜多川歌麿が一見開きながら挿画を担当した。これは参和にとって耕書堂での初仕事、歌麿にしても初期のものにあたる。

参和は翌年も耕書堂から黄表紙を板行、天明五年は『莫切自根金生木《きるなのねからかねのなるき》』や洒落本『和唐珍解《ほうとうちんけい》』とコンスタントに作品を増やしていく。『莫切自根金生木』はタイトルが回文というところがミソ。内容は、大金持ちが貧乏になろうとあれこれ手を尽くすものの、ことごとく失敗してしまうというもの。田沼政治のバブリーな世相が色濃く投影されている。

『和唐珍解』は近松門左衛門の傑作『国性爺合戦』をモチーフにして、長崎の丸山遊郭での唐人たちの遊興三昧の様子を描く。作中の台詞は唐音、そこに邦語訳を施すという凝ったつくりで注目された。参和は新奇な発想で耕書堂の一翼を担う戯作者となる。

恋川好町は春町の弟子。師匠が春日町に住んでいたのに引っかけて春町と号したのに倣い、数寄屋河岸で汁粉屋を営んでいたので好町となった。耕書堂からは天明五年『長者の飯食《ままくはう》』を皮切りに黄表紙を連発しているが、彼の名声は黄表紙より狂歌で高まっていく。好町、つまり真顔は南畝の門人で寛政期に江戸狂歌をリードすることになる。真顔に加えて宿屋飯盛、頭光《つむりのひかる》、馬場金埒《きんらち》は第二世代の狂歌四天王と呼ばれている。

真顔のみならず飯盛や光たちは耕書堂の狂歌集に深くかかわった。光が狂歌集『俳優風《わざおぎぶり》』に画工としてクレジットされ、ポンチ絵風というかヘタウマ風というべきか、嬉戯あふれる挿画を提供していることを記しておこう。

また、天明期の戯作者としては芝全交の名も忘れてはいけない。

天明五年の『大悲千禄本《だいひのせんろっぽん》』が蔦重と全交の初仕事。画は、京伝が政演の名で担当している。不況にあえぐ千手観音が千本の手を切ってレンタルするという突拍子もない絵草紙で、源頼光の四天王のひとり渡辺綱に片手を斬られた茨木童子やら無筆の男、手のない（接客下手な）遊女、坂上田村麻呂までが借りていく。全交はわずか十ページのこの小品にギャグや穿ち、洒落ばかりか下ネタまで満載させた。

『大悲千禄本』は全交の代表作というだけでなく黄表紙の傑作との誉が高い。

全交は水戸藩の狂言師で江戸の芝に住んだ。本作に先だち『当世大通仏買帳《とうせいだいつうぶつかいちょう》』（天明元年に鶴屋喜右衛門から刊行。画工は重政とされる）で、地蔵尊が品川宿の遊女に恋慕、仏道ならぬ色道に転じるというバチ当たりな趣向をひと足先に披露している。蔦重がそれを善しとして、「今度は千手観世音菩薩をネタに一冊」と持ちかけた可能性は高い。

＊

こうして振り返ると、天明五年の耕書堂はなかなかの充実ぶりだ。

何より、春町と喜三二のトップ2を継ぐ異才が順調に育っていることが心強い。続く翌年、翌々年も京伝や参和たちは健筆をふるっている。かくなる好況も蔦重が人材育成に尽力し、江戸のムードを察知しながら慧眼を光らせたおかげ――。

だが、時代は新しい為政者の舵取りで綱紀粛正へ向かって驀進する。

松平定信の登場

時代の風向きに敏感な蔦重のこと、田沼失脚後の動静には気を配っていたはず。幸い、懇意の戯作者には武家がいる。秋田藩江戸留守居役の朋誠堂喜三二や下役とはいえ幕臣の大田南畝、さらには駿河小島藩の江戸屋敷詰め藩士たる恋川春町たちは貴重な情報源だ。

「次はどなたがご政道を？」

蔦重が問えば、彼らは声をひそめて答える。

「陸奥白河（福島県白河市）藩主の松平定信様で決まりだろうな」

「白河藩といえば先だっての大飢饉でひとりも餓死者を出さなかったとか」

「おうさ、松平様の手腕は田沼様以上。そのうえ質素倹約、謹厳実直で学問好きらしい」

蔦重は武家戯作者たちの言葉を噛みしめる。

「世の中が一変しそうですね……」

天明七（一七八七）年四月、十一代将軍に家斉《いえなり》が就任。五月、大坂や江戸をはじめ全国三十カ所あまりで同時多発的に打ち毀しが起こった。江戸での暴動は三日間にわたり千軒近い米屋を筆頭に札差、油屋、木綿屋などの大店が襲われるという江戸開府以来の大騒動に発展している。

＊

同年六月、世情混乱が窮まるなか松平定信が老中首座となった。

定信は宝暦八（一七五八）年生まれ、蔦重の八歳下にあたる。定信が主導した「寛政の改革」がスタートした時、定信は三十歳だった。

彼は御三卿の一角、田安宗武の七男として江戸城内の邸宅で産声をあげている。幼少時から聡明の誉が高く、兄たちが夭逝したり病弱、凡庸だったこともあり、田安の家督を継ぐと目されたこともあった。また、定信が田沼政治の功罪を直視しながら成長したことは政治信条に大きな影響を与えたと思われる。

定信は十七歳で陸奥白河藩主松平定邦の養子となり、二十六歳で藩主に就く。新藩主誕生の天明三年は、蔦重が細見を独占出版し、狂歌にひたぶる文人たちの掌握を企図、さらには日本橋界隈の通油町への進出を果たした年に他ならない。

定信は凶作に喘ぐ領民のため大坂や江戸から米を買って配った。おかげで白河藩の餓死者はゼロだった。善政の評判は江戸城にも届き、田沼政治の後事を託されることになる。

定信は祖父である八代将軍吉宗の政治と信条に範を求め、吉宗が主導した「享保の改革」を寛政の世に再現しようとした。定信の指針は質素倹約と綱紀粛正、文武奨励を旨とする。自ら木綿と麻の着物を纏い、登城にあたっては弁当持参。幕閣には、譜代ながら大藩とはいえぬ陸奥泉（福島県いわき市）藩主本多忠籌《ただかず》、三河吉田（愛知県豊橋市）藩主松平信明《のぶあきら》ら気鋭の大名を選出、賄賂ではなく才知を重んじての登用をアピールした。定信は彼らを親友ならぬ「信友」と呼び、政道の在り方について熱い議論を重ねた。

＊

定信は謹厳実直な理想主義者だった。

「芸術」（当時は「学問」と「武芸」の総称）を勉励させたのは、彼らしいまっとうな政策だ。

その一方で、定信は戯作と挿画、浮世絵など蔦重の大事な商売物を眼の敵にした。それほどまで狂歌や戯作が世にはびこり、頽廃や紊乱《びんらん》を助長するということだったのか。

女髪結いが禁止されたのも似たようなものだった。市井の女が遊女や歌舞伎の女形《おやま》を真似て髪を結うから、着物や小間物まで華美になり風俗の乱れに繋がる——取り締まりの理由がこれなのだからイチャモンに近い。戯作敵視も同じ、蔦重にすればとんだとばっちりだったろう。

あるいは定信に書物は高尚、絵草紙や地本なんぞ下劣という価値観があったか。

アンチ田沼の想いが強烈すぎたというのも的を外してはいまい。定信は田安家を継ぐこと能わず白河藩へ養子に出された件、家治死去に伴う十一代将軍選びの際に候補から外された件も田沼の横ヤリのせいだと信じていたという。田沼憎けりゃ浮ついた世間の気風まで憎い。それに便乗する戯作も許すまじ……蔦重にとっては、やりにくい世の中になってしまった。

ご政道をカリカチュア

ところが蔦重も蔦重だ。自重するどころか寛政の改革をおちょくってみせる。

天明八（一七八八）年、喜三二に『文武《ぶんぶ》二道万石通《にどうまんごくどおし》』を書かせた。画は歌麿門人の喜多川行麿。

この黄表紙は喜三二最大のヒット作といわれている。馬琴が例の『近世物之本江戸作者部類』で「赤本の作ありてより以来《このかた》、かばかり行れしものは前未聞の事也」と赤本出現以来のベストセラーぶりを記している。

『文武二道万石通』は、ことごとく定信と彼の為政をカリカチュアしていた。タイトルの「文武

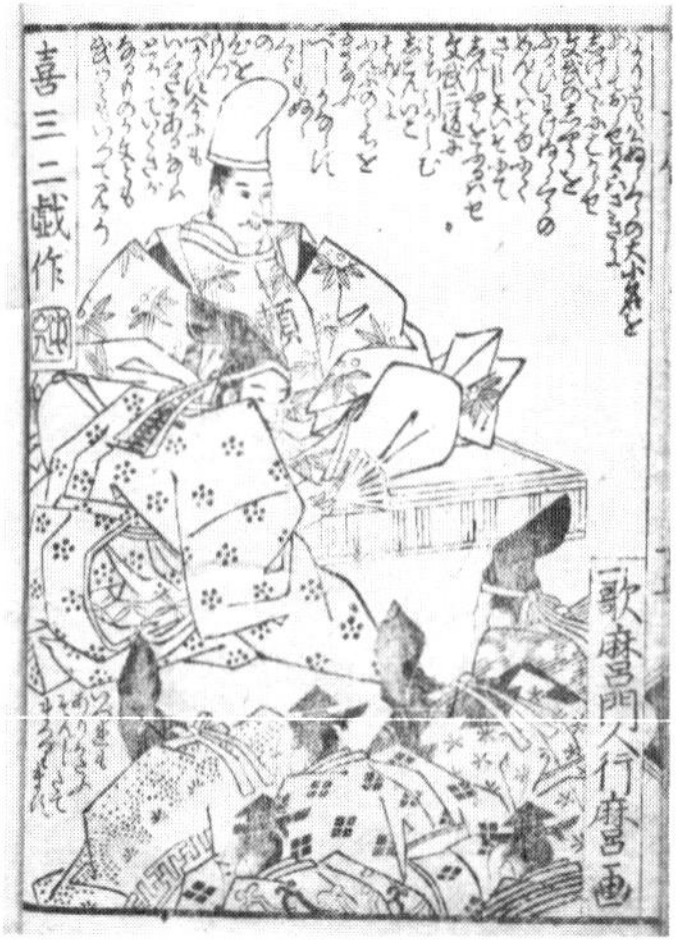

『文武二道万石通』。国立国会図書館デジタルコレクション

二道」が何を意味しているかはいわずもがな、「万石通」は玄米と籾殻を選り分ける農具で万石篗とも書く。万石は旗本と大名を分ける禄高のボーダーラインでもある。さらに寛政の改革の前触れの一文に「万石以上以下末々まで」の文言があるわけだから、これらの穿ちの狙いは明白だ。

『文武二道万石通』は、源頼朝が臣下の畠山重忠に命じて文武の二道に叶う武士と、いずれにも適せぬ「ぬらくら武士」を選別するところから始まる。富士の人穴（溶岩洞窟）に入って不死の薬を探す――学問に聡い武家は「文雅門」、化け物も畏れぬ武芸者なら「妖怪窟」、ぬらくら武士は手っ取り早く「長生不老門」へ。

こうして選り分けられた「ぬらくら武士」のありさまは怠惰で気骨に欠け実に嘆かわしい。重忠は彼らをひとかどの武士に叩き直そうとするのだが……。喜三二の筆致と行麿の画は実にストレートだ。畠山重忠の紋が梅鉢、これは定信の家紋に他ならない。頼朝が最初に登場する画で前髪の少年なのは、十五歳で十一代将軍に就いた家斉を彷彿させる（定信は若年の家斉を補佐するという大義のもと老中首座となった）。

目を付けられた喜三二と蔦重

『文武二道万石通』に関わる資料のなかでも興味を引いたのは松木寛『蔦屋重三郎』（講談社学術文庫）と中山右尚の「『文武二道万石通』雑考」（「近世文藝」27・28号収録／日本近世文学会）に共通する指摘だ。ふたりは「ぬらくら武士」が実在の人物に当てはまるという。「ぬらくら武士」の紋所や形にある文字は「田」（田沼意次）、「松」（松本伊豆守）、「三」（三枝土佐守）、「伊」（井伊掃部頭）であり、「松」以下の面々は田沼一派だとする。

この戯作を手にした巷の武家や町民はニヤリとしたり溜飲を下げたりしたことだろう。かような当てこすりは蔦重の発案か、それとも喜三二の企図だったのか。いずれにせよ、確信犯としてご政道を茶化した版元は官憲の眼をくらませる作戦に出た。

前述した田沼派の幕閣を「ぬらくら武士」に符合させたラディカルな挿画の初版と、「その多くが改竄され、全て鎌倉時代の武士に引き戻されて了った」（中山）ソフトな改刻再版を用意した。ご政道を狙う尖兵が初版で、これを援護しカモフラージュするのが異版の任務というわけだ。だが両版とも「ぬらくら武士」を矯正しようと意気込む「畠山重忠＝松平定信」の当て込みは変わっていない。蔦重にすれば、そこをいじったらこの本を世に出す意味がないというわけだ。

＊

『文武二道万石通』はたちまち市中で話題になった。

ところが定信の重臣までもがこの戯作を読むことになる——白河藩の重臣たる服部半蔵正礼《まさのり》もそのひとり。筆まめな彼は日記形式の随筆『世々之姿』に記している。

「公方様ヲ　頼朝公
此方様（定信）ヲ　重忠
其外鎌倉時代之大小名悉有之
重忠と本田次郎（重忠の郎党）対談所々有之
本多弾正少弼（定信の〝信友〟）様カ」※（　）は筆者注

蔦重と喜三二の意図したところは正礼にも百パーセント伝わっている。だが、定信側近の受け取り方はどうだったのか。

何しろ定信は生真面目だ。さらに、この内容が定信本人に注進された際の反応は？　改革を歓迎し、褒める戯作ならともかく、おもしろおかしく半畳を入れた作物が市中で大人気……当然、眉を顰めよう。

案の定、蔦重と喜三二はマークされてしまった。

春町入魂の「武芸奨励」揶揄本

だが蔦重はめげない。明けた寛政元（一七八九）年、今度は春町の『鸚鵡返文武二道《おうむがえしぶんぶのふたみち》』を開板した（画は北尾政美）。タイトルからして『文武二道万石通』の続編とわかるうえ、喜三二を受けて彼の好敵手にして盟友たる春町が手掛けるという趣向は、またまた江戸の話題となった。蔦重のヒット作請負人としての手腕が冴える。

『鸚鵡返文武二道』のあらすじはこうだ。

延喜の御代（九〇一～九二三）、帝が幼少につきご政道を輔佐《ふさ》するのが菅秀才。彼は武芸を奨

『鸚鵡返文武二道』。東京都立中央図書館東京誌料蔵

励する。挿画の菅は菅原道真を当て込んでいるものの、梅鉢の紋所は菅公だけでなく定信のものでもある。秀才という名も道真にふさわしいが、定信だって少年期より英明を謳われていた。

定信を当て込んだ菅秀才、さっそく剣術は源義経、源為朝が弓術で馬術に小栗判官を起用して指導させる。だが、例によってトンチンカンな仕儀に陥ってしまう。配下たちは武芸を身につけたはいいが陶器屋で鉢に弓を射たり、義経の千人斬りを見習って木刀で町人を打《ぶ》つ「千人ぶち」の乱行三昧。人に乗って馬術の稽古をしたから陰間の少年や遊女に轡《くつわ》を噛ませ馬乗り、挙句の果ては強姦まで……。

これではダメだと、菅は大江匡房を起用し聖賢の道を講じさせる。武術の次は学問というわけだ。大江に擬せられたのは柴野栗山（定信は「寛政異学の禁」に際し彼を湯島聖堂の責任者に命じた）。ところが、この策も失敗に終わる。

「天下国家を治めます政事と申は、時と勢と位との三ツを得ねばなりませぬ。たとえば春、凧《いかのぼり》を上るようなもの」

かような講義のテキストの一文を曲解し、皆々は鳶と「聖」の字の凧を上げる。おかげで（?）霊鳥の鳳凰が飛来するのだが……。最終頁で鳳凰は茶屋の見世物になっている。これは花鳥茶屋といって、金網越しに珍鳥を愛でながら一服できる茶屋を模している。花鳥茶屋は寛政年間、実際に流行した。

作中の茶屋では善政の世の奇瑞たる麒麟までが檻の隅にうずくまっている始末。

＊

『鸚鵡返文武二道』のタイトルの「鸚鵡返」は『文武二道万石通』の内容に呼応するだけでなく、定信が著した古典籍をもとにした教諭書『鸚鵡之詞《おうむのことば》』に引っかけている。これは作中で大江が聖堂の講義に用いたり、本屋の看板に「菅公御作」と掲げられた『秦吉了れ言葉《きゅうかんちょうのことば》』と呼応する（もちろん道真はこんな本を著していない）。

武芸奨励の揶揄ぶりは『文武二道万石通』より強烈だ。春町は黄表紙の開祖。そのうえ大好評だった喜三二の続編だからいっそう力が入ったはずだし、蔦重のリクエストもそこにあった。政美の画は兄弟弟子の政演＝京伝にも通じるユーモアを忘れていないものの、公家や武家が市中で繰り広げる狼藉シーンは毒気に満ちている。春町本人が絵筆を執っていたら、もっと凄惨な画になっていたかもしれない。

いずれにせよ、これは春町入魂の一作となった。『文武二道万石通』に続いて、ヒット作と呼ぶに恥じない売り上げをあげる。

ということは――定信の眼や耳にも戯作の内容が入っていたと覚悟しなければいけない。

寛政の改革を「褒め殺し」

ところが蔦重は、唐来参和にもいっそう辛辣な『天下一面鏡梅鉢《てんかいちめんかがみのうめばち》』を書かせていた（栄松斎《えいしょうさい》長喜画《ちょうき》）。開板は『鸚鵡返文武二道』と同年、寛政の改革の横面を思いっきり張る戯作が同時に出回ったわけだ。「梅鉢」の題名はもちろん、序文に記した「そもそも天満大自在天神の御神徳」で「菅原道真＝梅＝定信」のイメージ連鎖を狙っているのは明らか（画にも道真の衣服にやたら目立つ梅鉢紋）。そのうえ上巻のタイトルが「末白川の浪風」、中巻は「文武の両道」とくれば、定信のことを書いたと公言しているようなものだ。

加えて、時代設定を『鸚鵡返文武二道』と同じく延喜の御代にした。蔦重は、定信を槍玉にあげる春町と参和の作に共通点をもたせ相乗効果を期待していたはず。

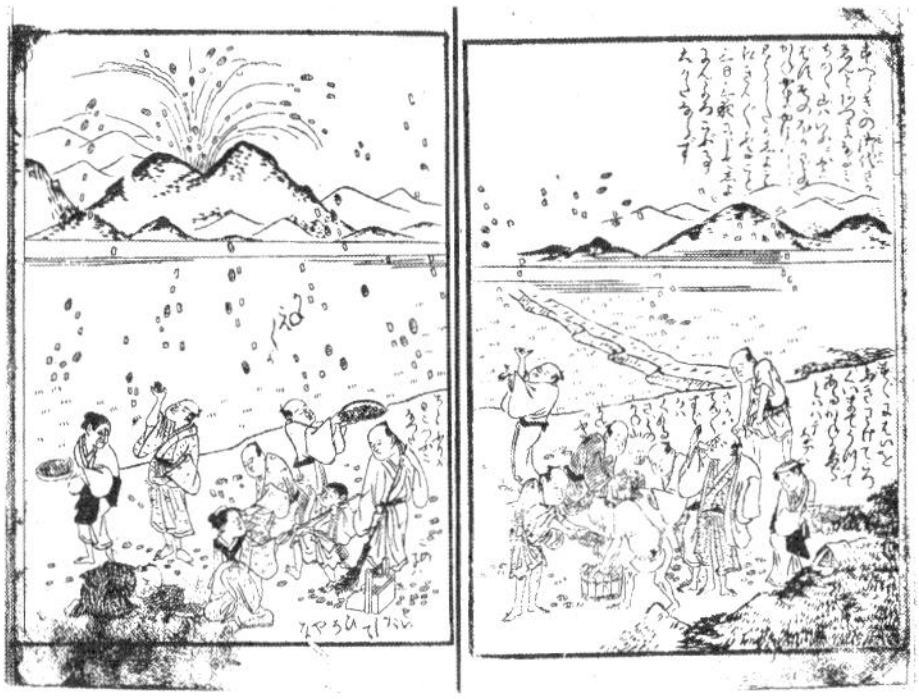

『天下一面鏡梅鉢』。東京大学附属図書館蔵

蔦重には、こういうジャーナリスティックな視点もあった。

『天下一面鏡梅鉢』での定信と改革に対する当てこすりは、喜三二や春町と違って褒め殺しに終始する。まだ幼い醍醐天皇（家斉）の治世は、道真（定信）を師範にして政事の万事を補佐させ仁政を施している、と参和は絶賛してみせた。

文武両道が浸透して風俗に乱れはなく民は富み栄える。関東や東北には、佐渡の金山の噴火によって三日三晩も金銀が降り注ぐ。諸国は五穀豊穣、役人も年貢の未納を見逃してやる。盗人がいないので戸を閉ざす必要もないと皆で家の戸を打ち毀す。上巻の展開は「浅間山大噴火」「凶作に飢饉、飢餓」「打ち毀し」などの天明の世情不安を逆説的に列記していく。

中巻は武芸奨励の礼賛となる。定信は甲州流軍学を筆頭に日置流弓術、新陰流剣術、大島流と風伝流の槍術、大坪流馬術、起倒流柔術、渡辺流炮術などなど武芸百般に親しんでいたという。

参和はそんな定信を容赦なくあげつらう。相撲場に模した会場での剣術大会は立錐の余地もない大盛況、遊里に赴けば遊女が簪《かんざし》で手裏剣の稽古をしたり、長刀《なぎなた》を習っている。

そして下巻で再び世情の様子を描く。金余りで千両箱を捨てる男がいれば、この戯作でも鳳凰や麒麟が見世物にされている。皆が長寿で百五十歳が相場、百一歳から誕生祝や七五三をやり直す。

「かかるめでたき日本国なれば、君を敬ひ菅家の聖徳をしたひて（中略）、万国の異形の国々まで貢物をととのへ来朝する」

巨人に矮人、狗頭の人や女人島、『鸚鵡返文武二道』にも描かれている胸に穴のあいた穿胸国の代表……『ガリバー旅行記』も吹っ飛ぶ朝見の列だ。参和はこう結んだ。

「何も面白い案じもなければ、こんなことにてまじくなつて（ごまかして）筆をとめぬ」

これは蔦重と戯作者に共通した韜晦に他ならない。心中では定信と寛政の改革を散々に笑いのめしてやったと鼻をうごめかしている。

＊

『天下一面鏡梅鉢』はまたしても売れに売れてしまった。

往時の耕書堂の店頭はベストセラー連発にてんやわんやの大騒ぎ。

「処々の小売店より板元蔦屋へつめかけて、朝より夕まで恰《あたかも》市の如し。製本に暇なければ、摺本の濡れたるま丶、表紙と糸を添て売わたしたり」（『近世物之本江戸作者部類』）

黄表紙の吉例で正月に開板したのが、三月になっても袋入りにして売り回っていた。貸本屋でも大いにレンタルされただろうし、湯屋や床屋、仲間同士の回し読みを勘案すれば戯作の影響力は計り知れない。読者も武家から町民まで幅広かったと思われる。

だが、蔦重もご政道を笑い飛ばす作物を連発する危険性は察していた。

だから『天下一面鏡梅鉢』には版元、作者とも明記されていない。蔦重なりに小細工を弄してみせたわけだ。もっとも、それゆえ後年にいたって『天下一面鏡梅鉢』が参和の筆になるのか疑義の声があがった。しかし、蔦重研究の泰斗である鈴木俊幸は『蔦重出版書目』（青裳堂書店）に明記している。「『伊波伝毛乃記』・『戯作六家撰』の三和作・蔦重板という記事は十分肯首しうるものである」

江戸の民、そして定信も蔦重が開板したと信じて疑わなかっただろう。

お咎めの連鎖

とうとう定信の堪忍袋の緒が切れた――。

『天下一面鏡梅鉢』『鸚鵡返文武二道』に絶版の命が下った。前後して『黒白水鏡』の著者石部琴好《きんこう》に手鎖を嵌めた後で江戸払いの厳刑が下される。この戯作は田沼意知が殿中で襲撃を受けたことを題材にしており、アンチ田沼色の濃い内容だ。開板は少し前の寛政元（一七八九）年、版元は不明。

『黒白水鏡』は、田沼追い落としキャンペーンの道具として、しばらく野放しにされていたようだ。一転して取り締まったのは、言論統制キャンペーンに切り替わったことを周知徹底させるため。あるいは、定信サイドで蔦重の手になる本という見込みがあったのか。いずれにせよ、見せしめ効果を狙ったものではあった。

これらの筆禍事件は、蔦重に二重の意味でショックを与えた。覆面版とはいえ耕書堂開板の作物であることが自明の『天下一面鏡梅鉢』が禁書となったことはもちろん、『黒白水鏡』の画を担当した政演（京伝）もまた過料（罰金刑）に処されたからだ。寛政の改革にまつわる筆禍事件で絵師が罰せられたのは今回が初めてのこと。本、戯作者、絵師ときたら次は本屋の番になる。定信の恫喝めいた警告はかなり強烈だった。

二大武家戯作者を失う

しかし蔦重の受難はこれだけで終わらない。

喜三二が筆を折ることになってしまった。〝松平定信嘲笑三部作〟の第一弾を担当した喜三二は、主君の秋田藩主佐竹義和《よしまさ》から、きついお灸をすえられたうえ、戯作の世界と関わりを断つよう迫られた。喜三二の本職は江戸留守居役、藩の外交官として幕府と太いパイプを築くのが仕事だ。そんな武家が寛政の改革を諷刺するのは不適切と指弾されても仕方あるまい。

耕書堂の黄表紙開板ラッシュと通油町進出、狂歌壇との密接な関係……蔦重と喜三二はずっと行動を共にしてきた。耕書堂が江戸でいちばんの本屋にのし上がれたのは喜三二の存在なしに考えられない。さらに喜三二が、田沼時代に意次本人あるいは側近と親しく交際していても不思議ではない。寛政の改革が急ピッチで進むご時世だけに、藩としては喜三二を取り巻く環境はクリーンにしておきたい。断筆……喜三二は藩主の要求を呑み、蔦重をしても翻意は不可能だった。

喜三二も齢五十を越え、そろそろ隠居が視野に入ってくる。しかし寛政の改革は、彼に戯作三昧の余生を許してはくれなかった。

＊

さらに、さらに。寛政元(一七八九)年四月、春町に定信から直々の出頭命令が下ったという。春町もまた駿河小島藩の年寄だ。小島藩は松平信義を藩主にいただく石高一万の弱小藩。それなのに、家臣が定信にいちゃもんをつけるなんて暴挙以外の何物でもない。まして、老中首座から臣下が召喚されたとなれば、藩中がてんやわんやの大騒ぎとなったのは想像に難くない。

定信はお目玉で済ますつもりだったのか。それとも重罰に処そうと腕を撫していたのかは、わかっていない。いずれにせよ、春町を呼び出すというのは喜三二より大ごとだった。

ひょっとしたら、定信は戯作に込めた民の真情を聴取するつもりだったか——定信は幕臣や儒学者の意見を「上書」という形で提出させ政治に活用している。彼は、そういう聴く耳をもつ官僚だった。御前で春町が滔々と世情を語り聞かせれば、寛政の改革も様変わりしたかもしれない。

ところが春町は定信の召致を拒絶する。病に伏しているという理由だった。

肖像画の春町は豊頰で切れ長の眼、おちょぼ口という上品で温和そうな面相をしている。だが、この戯作者にして絵師は強固な意志と猛烈な反抗心を内に秘めていた。滑稽や粋、通、諧謔、諷刺、穿ち、揶揄などを詰め込んだ黄表紙の開祖にふさわしい、強かな文人だった。

その春町が七月七日の七夕、自宅謹慎のまま忽然として世を去る。

春町は自決したとの噂が根強いものの真相不明、享年四十六だった。

蔦重にとって春町と喜三二は、ふたつの名花。それを同時に手折られた悲痛と喪失感はいかばかりのことだったたか。

続けざまの出版統制令

蔦重の仕事ぶりは定信に本屋の持つパワーを痛感させた。

蔦重は黄表紙という〝漫画絵本〟に寓意めかして政治批判を持ち込み、それを武家から町民までがこぞって手にする。こいつを許してはおけない、定信は本腰を入れた。

定信は異説や流言蜚語に敏感となり、町奉行が差配する定廻りに加えて臨時廻り、隠密廻りを江戸市中に放った。いわば秘密警察だ。彼らは店頭に並ぶ絵草紙はもちろん、酒場や色街での会話にもチェックを入れるようになる。

寛政二（一七九〇）年の二月と五月、立て続けにお触れが出された。この時、蔦重は四十一歳。男盛り仕事盛りを迎えた彼が、どんな心境だったかは蔦重のとった行動が雄弁に物語っている。

まずは五月の出版取締り令八カ条を意訳して列記しよう。

一　草紙類の新たな仕立ては禁じる。開板したければ奉行所の指図を受けよ。

二　世情をにぎわせる話題をすぐ浮世絵などにして板行してはならぬ。
三　猥《みだ》らなる儀、異説をとりまぜて物語を作る者は特に厳重に取り締まる。
四　好色本は段々と絶板にせよ。
五　新刊書を出す際は必ず作者と板元の実名を明記せよ。
　　作者不明、板元不詳の書を売り買いしてはならぬ。
六　絵草紙で古代のことに装い、ふつつかなる儀をつくりだす事を禁じる。
　　ありきたりの書や浮世絵でも、華美を尽くし潤色を加えたりしてはならぬ。
　　高値に仕立てることも禁じる。
七　根拠のない噂を仮名書きで写本等にして、その見料を取ったり貸し出すことは禁止。
八　本屋どもは相互の吟味を厳重にせよ。

第一から四条は出版統制令に他ならない。五、六条が耕書堂の〝松平定信嘲笑三部作〟を意識していることは自明。七条では貸本屋も槍玉にあがってしまった。八条においては地本問屋サイドの自主規制、それも厳重なものを強要している。

さらに定信はこれらに続いて二の矢、三の矢を放ってきた。

同年十月、「風俗のためにあいならぬ猥《みだ》りがましき書目の行事改め」を強要するお触れが公布される。これは出版業者に対する追い討ちで、「行事改め」は検閲制度に他ならない。以降、出版物は必ず「行事改め」がチェックし「㊙印」を押すことになった。

十一月には行事改めの強化が再確認され、小売りの絵草紙屋、貸本屋への締め付けが厳しくなる。同月、戯作や浮世絵の版を彫る板木屋たちは仲間結成願い書を奉行所に提出した。仲間は公認の同業、同職団体。営業権や独占権を得る一方、為政者の管理下におかれる。こうして、本屋にかかわる者たちがこぞって改革に服従する姿勢をみせたわけだ。

だが、一連のお達しや動きは本屋関係者から翼を奪うようなもの。蔦重としては引き下がるわけにいかない。とはいえ、彼はお江戸の地本問屋の顔役でもある。立場上、公然と刃向かっては同業者にまで迷惑がかかる。だから、蔦重流のやり方で対抗した。定信には面従腹背、まずは行事改めを形骸化してしまう。ろくに吟味もさせず㊩印を連発させたのだ。

こんな差配ができたのには裏がある。蔦重は検閲役に、裏店長屋に住まう本屋の下請け業者を指名した。当然、行事改めたちは蔦重の意のままに動かざるを得なかった。

頼れるのは山東京伝だけ

本屋をがんじがらめに縛りつける上意のもと、蔦重は寛政三（一七九一）年の開板をめざして京伝に黄表紙四冊、洒落本三冊もの大量発注をしている。

蔦重が京伝を重用した裏には喜三二の引退と春町の死があった。加えて参和の休筆も痛い。『天下一面鏡梅鉢』を凌ぐものを書けば、今度はお咎め必至。参和はほとぼりを冷ますことになり、結果としてそれは二年にも及ぶ。かかる緊急事態を背景にして、蔦重は京伝に耕書堂の屋台骨を支える重責を委ねる。寛政二年の時点で京伝は三十歳。戯作者として脂がのってくる年齢だ。

ところが、『黒白水鏡』の挿画で過料処分を受け、京伝の創作意欲には翳りが差していた。

このことは、京伝が寛政三年に耕書堂から開板する黄表紙のうちの一冊『箱入娘面屋人魚《はこいりむすめめんやにんぎょう》』(画は歌川豊国)の序文「まじめなる口上」で触れられている。

序文の筆を執ったのは蔦唐丸、ほかならぬ蔦重だった。意訳してみよう。

「京伝が私にいうには、『これまで間に合わせに軽々しく拙い戯作を書いてきましたけれど、こんな無益な事に月日や筆紙を浪費するのは〝戯家《たわけ》〟の至りです。ことに昨春には御上から罰金のお咎めを受ける始末。これらを愧《は》じて、今年からは戯作はやめてしまおうと思います』

どうにも固い決意のようなので、私も必死に翻意を促しました。

『そんなことになったら、これまで贔屓してきた私と耕書堂は衰微してしまう。ぜひとも今年ばかりは執筆して欲しい』

京伝も私との長年の知音《ちいん》を尊重し、意を曲げてこの本を完成させてくれました」

挿画に描かれた蔦重は富士山形に蔦の葉のトレードマークが目立つ衣装を着て、にこやかな表情を浮かべている。しかし京伝から断筆を打ち明けられ、胸中が穏やかであるはずはない。安永八(一七七九)年の富本正本『色時雨紅葉玉籬《いろしぐれもみじのたまがき》』で画工に起用して以来の交誼を持ち出し、情と義理に訴えることまでした。

また、この頃の京伝は吉原の有力妓楼「扇屋」の遊女菊園を身請けし妻に迎えている。

「女房をもらったばかりなのに、戯作から身を引いてどうやって生活していくんです?」

蔦重はこんなことを口にしたのかもしれない。

「原稿料」で作家を囲い込む

事実、蔦重は京伝に、それまで本屋が交わしてこなかった金銭面での画期的な提示をしている。それは潤筆料、現在でいう原稿料だ。従来、本屋は戯作者に心ばかりの「御礼」として金品を贈ったり、大ヒットになれば「当り振る舞い」の名目で宴席を催していた。これが執筆に対する労いのすべて。それどころか、反対に蔦重は何冊かの絵入狂歌本で入銀方式をとり、狂歌師から掲載料を徴収している。

そんな蔦重が潤筆料を支払うことにした。江戸の本屋としては初の試みだ。もっとも、実施に際しては、耕書堂と同じく通油町に店を張る有力地本問屋の鶴屋喜右衛門（鶴喜）と語らってい る。耕書堂が吉原から蔦重一代で築き上げたのに対し、鶴喜の仙鶴堂は京都二条通りの店を本家と仰ぎ、十七世紀半ばに江戸へ進出した老舗。京伝とも縁が深く、天明二（一七八二）年には蔦重に先んじて出世作『御存商売物』を開板している。

潤筆料というアイディアが蔦重、鶴喜のいずれから出たのかは不明ながら、新旧の有力書肆が手を結んで京伝を囲い込みにかかったわけだ。

寛政二（一七九〇）年七月、蔦重は京伝に翌年開板分の洒落本三作の潤筆料の内金を渡した。支払われた金額は「金二両三分銀十一匁のうち金一両銀五匁」（『続燕石十種』第二巻収録「山東京伝一代記」／国書刊行会）だった。この額の多寡を判断するには、後年になって馬琴が稼いだ潤筆料を参考にしたい。佐藤悟の論文「馬琴の潤筆料と板元」（「近世文藝」59号収録／日本近世文学会）によれば合巻（絵草紙を数冊あわせて一冊にしたもの）一編で五両、読本なら十七両が相場だった。ただし『南総里見八犬伝』は別格で二十二両。時代は寛政二年から二、三十年後の文化、文政期のことなので直接比較はできないものの、京伝のギャラは馬琴より安い気がしないでもない。他方、それまで誰も原稿料を貰っていなかったのだから他人と比べられない。京伝にとっては納得の金額だったか――寛政二年、江戸では米の高騰がようやく落ち着き一升で百文ほど。一両を銭四千文で換算すれば米一石は購える。大人ひとりが一年間、喰いしのぐことはできそうだ。

肝心の地本問屋の収益だが、馬琴の合巻は最低でも六千部は売れ、ざっと百六十両になるという。佐藤は「経費を差し引いても、その利益は莫大であった」と書いている。蔦重の場合、「京伝・馬琴の両作のみ殊に年々に行れて、部数一万余を売るにより」（『近世物之本江戸作者部類』）とある。なるほど売れっ子作家を抱える本屋は儲かったのだ。

京伝にすれば、喜三二や春町にもなかった特別待遇のうえ、泣き脅し（？）までかけられては首肯せざるをえない。だが、蔦重は出版プロデューサーとしての顔を忘れてはいなかった。蔦重が京伝に持ち掛けたのは〝新しい洒落本〟の執筆だった。

洒落本は遊里でのあれこれをテーマにする。安永期には遊女をめぐる猥褻誨淫《わいせつかいいん》の小冊子という悪口まで頂戴していた。それが京伝の筆にかかると内実が一変する。天明五年の『息子部屋』（画は政演名義）あたりから、洒落本の描く世界が新しいものになってきた。京伝は遊郭の台所裏や遊びの作法に加え、女と男の人情の機微まで描いた。

黄表紙の滑稽と批評精神とは別の、しっとりとした、より近代小説に近い物語。蔦重はそれを喜三二や春町ではなく京伝に委ねた。この人選にエディターとしての蔦重の慧眼が光る。

寛政三年、京伝は洒落本『仕懸文庫』『娼妓絹籭《しょうぎきぬぶるい》』『錦之裏』を世に放った。

しかし——これらの洒落本はブーメランのように旋回して蔦重と京伝に襲いかかるのだ。

京伝手鎖、蔦重「身上半減」

寛政三（一七九一）年三月、北町奉行の初鹿野《はじかの》信興《のぶおき》は町触れにいう「風俗のためにあいならぬ猥りがましき書目」を厳しく取り締まった。

その標的になったのは他ならぬ蔦重と京伝だ。「放埒の読本」の開板に奉行は怒る。蔦重が身上半減の重過料（財産の半分を没収）、京伝には手鎖五十日という刑罰が下った。

蔦重にとって、せっかく築いてきた財の半分をもっていかれるのは断腸の想いだったろう。余波はふたりの行事改めにも及び、彼らは江戸十里四方、京と大坂、東海道筋や日光、日光道中への立ち入りを禁止される軽追放の憂き目に。蔦重は江戸を離れる彼らにたっぷりと心づけを渡したというが……。行事改めにすれば下請けの悲嘆までたっぷり味わうことになった。

＊

蔦重についていえば、京伝筆になる洒落本三冊開板への見通しの悪さも目立った。

槍玉にあがった三冊の趣向を説明すると——『仕懸文庫』は『曾我物語』を下敷きにして湘南

の大磯に場所を仮託しながら、江戸の岡場所深川での一夜の情景を描き、私娼街の風俗やマナーも盛り込んだ。『娼妓絹籭』は大坂新町の廓の物語。そこへ浄瑠璃「冥途の飛脚」の主人公の遊女梅川と飛脚問屋の若旦那忠兵衛を登場させる。『錦之裏』も摂津の遊里神崎での物語という体裁を整え、これまた歌舞伎と浄瑠璃で高名な遊女夕霧と豪商藤屋伊左衛門を持ち出す。この作は遊女の一日の暮らしぶりが時間軸で読み解けるようにしてあった。

いずれも表向きには当代の遊里や遊女と客との情愛を書いていない。現代なら「この話はフィクションであり、実在の人物・団体とは関係ありません」のテロップを流すようなものだ。

しかし官憲の眼は節穴ではない。おまけに、いかにも蔦重と京伝らしい皮肉の効いたユーモアというか、御上をおちょくる仕掛けが官憲の逆鱗に触れてしまった。蔦重は『仕懸文庫』を袋に収め、ご丁寧にも「教訓読本」と銘打った。京伝もしれっと同書の跋に「不佞《ふねい》京伝」と遜《へりくだ》りつつ「嘗《かつ》て好色淫蕩を著述すといへども。実は前に美味あることを述て。後に毒あることを示し。戒を垂《たるる》がため也」——好色淫蕩の本を書いたのは、悪所通いに愉楽が先行するとはいえ、後々に毒となるという訓戒を垂れるためでした、と弁明にかこつけ開き直っている。

当然のことながら奉行は蔦重と京伝が弄した策を看破、有無をいわさず沙汰を下した。

しかしこの一件、いくつかの「なぜ?」が浮かんでくる。真っ先に思いつくのは、すでに定信サイドが絶版や京伝の過料という強硬手段に出ている事実。蔦重はどうしてそこを勘案しなかったのか。次いで、京伝が蔦重の策に乗ったのも怖いもの知らずという印象を抱かせる。ふたりとも「飛んで火に入る夏の虫」、処罰されるのは織り込み済みだったのか?

とはいえ、そこが蔦重という本屋、京伝なる戯作者の真骨頂でもあろう。彼らの無謀は「火中の栗を拾う」と訂正すべき。玉砕覚悟で幕閣に挑んだと身びいきしておきたい。

蔦重は温厚篤実で微笑を忘れぬ本屋だが、内面に辛辣な批評家を飼っていた。

蔦重は田沼時代の恩恵を受けつつも手放しで褒めたりしなかった。天明期の黄表紙や狂歌には時世に対する毒気が満ちている。為政者が代わってもこの姿勢は貫かれた。まして定信が出版統制という悪手に出たのだから闘志を燃やしたのは当然だ。権威に阿《おもね》ることなく、偉そうにしている御仁はおちょくりにかかる——蔦重の生き方に江戸の民は拍手を送っただろう（もっとも蔦重があれほどに揶揄しなければ、定信だって強面にならなかったという側面は否定しがたい）。

南畝のフェイドアウト

寛政の改革による規制は庶民生活にも容赦なく及んでいる。

男女混浴、女髪結い、岡場所、賭博などなどの禁止事項だけでなく戯作まで絶版……息苦しさが日に日に募っていく。蔦重のホームタウン吉原だって「棄捐令」発布の余波で青息吐息だった。棄捐令は武家が札差から借りた借財を棒引きにするもので、札差の損失は百十八万七千八百八両にのぼった。当然、吉原から富豪たちの足が遠のいてしまった。


白河の清きに魚も棲みかねてもとの濁りの田沼恋しき

世の中に　蚊ほどうるさきものはなし　ぶんぶといふて夜も寝られず

これらの落首は人口に広く膾炙した。現代においても庶民感情を的確に表現していると評価されている。作者に擬せられたのは他ならぬ大田南畝だった。

本章の最後に、その南畝の身の処し方を書いておこう。南畝は狂歌壇の首魁として蔦重と濃密な関係にあった。だが喜三二や春町、京伝のごとく定信に牙を剝いたりはしなかった。それどころか尻尾を巻くように狂歌、戯作の世界から身を引いていく。

田沼時代、南畝は意次の腹心たる勘定組頭土山宗次郎と親しく交わっていた。遊興の場で酒杯を交わしたことも度々。南畝は土山に倣って吉原の遊女を身請けし妾にもしている。天明七（一七八七）年、土山は横領罪で斬首された。

定信は南畝を土山の股肱と睨んでおり言動に眼を光らせていた。そこに前掲の落首が絡む。狂歌の大御所も表の顔は下級武士、落首の作者ではないと必死に抗弁している。南畝が耕書堂から天明七年に開板した『狂歌才蔵集』から平秩東作の蝦夷地の旅での作歌を削除したのは、これが土山の肝煎りで実施された調査ゆえのことと解されている。

寛政二（一七九〇）年、朱子学を正学とした「寛政異学の禁」が発布されて以降、南畝は学問に打ち込んだ。彼は寛政六年に幕府が実施した人材登用試験で首席合格している。この時、南畝は四十六歳だった。

蔦重は南畝の処世をありのままに受けとめた。彼のフェイドアウトを特に強く引き留めた形跡はない。営業面からみても、狂歌ブームそのものが沈静化したこともあり、南畝の引退はさほど痛いわけでもなかった。以降、耕書堂の狂歌集の編、選者は頭光や宿屋飯盛が中心になる。

蔦重の南畝に対する態度は喜三二、春町、京伝への態度と比べると温度差を感じる。南畝のことは、天明の文人を一手に掌握するためのビジネスツール程度にみていたのかもしれない。

そんなことより、蔦重は過料処罰やら京伝の今後という大問題に直面していた。こんな中でも、耕書堂の新しい柱として「浮世絵」に的を絞り、ある絵師の売り出しに精を出している。

戯作で手痛いお咎めを受けた蔦重の捲土重来、次章ではその奮闘ぶりをみていこう。

第五章　歌麿の「美人画」で怒濤の反転攻勢

手付かずだった「一枚絵」

本章の舞台は天明後期から寛政前期となる。

田沼意次から松平定信へと為政者が交代した時代、蔦屋重三郎は戯作に匹敵する柱を構築しようと躍起だった。蔦重が狂歌と黄表紙の次に乗り出した新ジャンルは浮世絵だ。

蔦重と浮世絵――その歴史的評価は美人画の喜多川歌麿と役者絵の東洲斎写楽に結実する。とはいえ、耕書堂の浮世絵を担ったのは歌麿と写楽だけではない。重三郎は吉原時代から浮世絵界の大物や有望株と交誼を結び、彼らも遺憾なく手腕を発揮している。その代表格が北尾重政と勝川春章、そして重政門下の政演や政美たちだ。彼らの画才は戯作の挿絵や絵本で花開いた。ここに恋川春町を加えてもよかろう。

一方、歌麿と写楽は「一枚絵」あるいは「一枚摺り」と呼ばれる一枚物の版画でも真価をみせる。現在、一枚絵の呼び名はポピュラーではない。けれど、これを「錦絵」あるいは「浮世絵」といいかえればしっくりくるだろう。いや、決して「浮世絵＝一枚絵、錦絵」に限定できはしないのだけど、大枠の解釈でいえば……という感じでご理解いただきたい。

戯作に絵本、一枚絵のいずれも絵草紙屋にとっては主力商品。本屋の棚に賑々しく並ぶのが黄表紙だとすれば、軒先にひらひらと翻るのは高級遊女や茶屋の看板娘、歌舞伎役者に力士、武者などの一枚絵だ。それにもかかわらず、蔦重にとってこの分野はずっと手付かずだった。

アンチ「本絵」の系譜

江戸時代の絵画は「本絵」と「浮世絵」に大別される。

第三章で「書物問屋」と「地本問屋」の類別について述べたが、本絵と浮世絵の関係もこれに似ている。本絵は狩野派や土佐派の絵師による作品をいう。大雑把かつ約《つづ》めていえば支配者階級の支持と庇護を受けた絵画で、オーセンティックや正統派という形容がなされる。狩野派は、中国絵画に範を求める「漢画」で鳴らした狩野正信（永享六年？～享禄三年／一四三四？～一五三〇）が始祖。土佐派は「やまと絵」を標榜する土佐光信（永享六年？～大永五年？／一四三四？～一五二五？）を実質的な開祖に戴く。両流派は江戸時代においても画壇の中心勢力として威勢を誇っていた。もっとも、狩野派が将軍や大名らの「武家式正《しきしょう》」絵画であるのに対し、土佐派は京の宮廷、貴族たちを後ろ盾にしていた。

それに対して浮世絵は庶民の熱烈な支持と愛好により紙価を高めていく。

浮世絵が江戸で広まっていくのは、重三郎が生まれる七十年ほど前、天和年間（一六八一～八四）から。嚆矢は菱川師宣《ひしかわもろのぶ》（元和四年？～元禄七年／一六一八？～九四）といわれる。師宣はまず絵草紙の挿画で名をあげた。挿画をページいっぱいに配し、上の空白部分に文字が配されるレイアウトが流布したのは師宣の功績に他ならない。

人気絵師となった彼は江戸名所や遊里、美人画などを一枚物の摺り物にした。同じ一枚物でも肉筆画は値が張り江戸の民にとって高嶺の花。だが、版画なら大量生産が利く。師宣の一枚絵はマスプロダクトに乗じて大人気を博した。蔦重が活躍する頃ともなれば、錦絵の一枚絵は十六文から二十文前後で売られるようになる。金額の価値は「蕎麦が十六文」ということで勘案いただきたい。

浮世とは「世の中、人生」の意、仏教的無常観が滲む「憂き世」と、漢語で定まりのない世をいう「浮世《ふせい》」を踏まえている。江戸っ子たちは、そこに「ウキウキ」という語感を加えて口の端に上《のぼ》せた。厭世とバイタリティが綯い交ぜになった現実的な言葉といえよう。

浮世に生きる民衆の日々や彼らの興味の対象を描いた画を誰が「浮世絵」と名付けたのかは明らかではない。だが、浮世絵の呼称は「浮世」という言葉が市井に浸透するのとシンクロして認知されていく。

浮世絵のテーマは広範囲に及ぶ。美女や役者、力士、遊里と遊女、花鳥風月に名所旧跡、性にまつわる春画……。狩野派や土佐派といった本絵の枠に縛られぬ、あるいはそこからはみ出た、さらにはそこに相容れられぬ絵師たちは師宣に続けと腕を競った。

師宣に次いで注目を集めたのは鳥居清信（寛文四年〜享保十四年／一六六四〜一七二九）だ。

清信は歌舞伎諸座の絵看板から出発し、役者絵ばかりか美人画や枕絵で業績を残す。同時期の上方では、京の西川祐信《すけのぶ》（寛文十一年～寛延三年／一六七一～一七五〇）が師宣の作風に影響を受けつつ、写実味に富んだ美人風俗画を打ち出す。

十八世紀前半に活躍した奥村政信（貞享三年～宝暦十四年／一六八六～一七六四）も忘れてはいけない。彼は、清信の模写から出発して、美人に役者、花鳥、武者と多彩なテーマで版画から肉筆画までをこなした。そのうえ、政信は進取の気性に富んだアイディアマンだった。西洋画の遠近透視画法をアレンジした「浮絵《うきえ》」を版画に取り入れたり、柱にかける縦長サイズの「柱絵《はしらえ》」、細判を横に三枚セットで並べて一組の絵にする「三幅対物《さんぷくついもの》」などを考案したとされている。そして、何より、自ら出版業に乗り出した異色の浮世絵師だった。重三郎も政信の八面六臂の活躍を範としたのかもしれない。

「錦絵」で一世を風靡した春信

政信の逝去からおよそ十年、いよいよ蔦重が江戸の出版業界で活動を始める。その少し前の明和期に大人気を得ていたのは鈴木春信（享保十年？～明和七年／一七二五？～一七七〇）だった。春信は華奢で優美、可憐な美人を描き一時代を築いただけでなく「錦絵」の誕生にも大きく関わっている。

錦絵とは多版多色摺り、色目ごとに木版を変えて摺り、一枚の絵に仕立てたカラーの木版画をいう。決して一枚の版木にベタベタとさまざまな色を塗って一回で摺りあげるのではない。色別に木版五枚の表裏を使い、十色分の版を一枚に重ねていく。そうすることで色と色の境の滲み、はみ出しが少なくなるうえ、各色をビビッドに仕上げられる。版木は硬いうえ粘りがあり材質にムラの少ない山桜が好まれた。

錦織のごときらびやかな色彩——錦絵の制作は明和二（一七六五）年から始まっている。蔦重が十六歳の頃だ。きっかけは、江戸の通人たちの間でブームを呈していた絵暦交換会だった。江戸時代は太陰暦を採用していたから、年ごとの月の大小を知る必要があった。

通人たちは粋な絵柄とデザインの絵暦を個人的に制作して悦に入るだけでなく、知り合いや取引先に配ったり好事家同士が集って交換会を催すようになった。やがて他の誰よりも卓越した絵暦をつくりたい、金に糸目はつけないという風潮が生まれた。通人たちはより腕のたつ絵師を求め、絵師の技量を遺憾なく具現化するために多版多色摺りの技術が向上していく。

その中心にいたのが春信であり、彼のもとには優秀なスタッフ——原画の細かな線まで刻む彫師、寸毫の狂いもなく色別に紙へ転写する摺師らが集まった。

当初、肉筆一枚絵はともかく版画による浮世絵は黒一色の墨摺絵《すみずりえ》だった。

ほどなく、江戸の絵師や版元は版画に筆で彩色することを思いつく。まずは墨摺絵に一枚ずつ丹《に》を基調に緑、黄、藍などを施し「丹絵《たんえ》」と称した。丹は鉱物性の絵具で赤みを帯びた灰黄から赤褐の色調をいう。丹絵の最盛期は元禄三（一六九〇）年あたりからの三十年間とされる。丹絵に次いで、同じ赤系でも植物由来の絵具、紅を用いた「紅絵」が行われた。紅絵の髪や帯、衿など黒の部分に膠《にかわ》のきいた墨を塗り、漆のような光沢を得たのが「漆絵」だ。

延享年間からは、墨摺絵に紅や緑、藍などの色版を摺り重ねた「紅摺絵《べにずりえ》」が誕生する。これにより、ようやく彩色した浮世絵の大量生産が可能になった。これらの変遷と改革を経て、前述したとおり明和二年、カラフルさを極めた錦絵の登場となる。

美しい極彩色の浮世絵を量産可能にした多版多色摺り——これを当時の本屋、重三郎の先輩たちは見逃さなかった。春信のもとに版元が群がる。本屋が介在することで、抒情性あふれる春信の浮世絵は拡販され、より幅広い人気を博す。他の絵師の作も次々と錦絵になり、新たな江戸の名物として「吾妻錦絵」と称されるまでになった。

現在でこそ美術史的価値における狩野、土佐派と浮世絵は、遜色のない〝価値〟を認められている（欧米の認知度では浮世絵の方が高いかもしれない）。しかし、重三郎の時代は両者の間に深い溝が存在していた。本絵が伝統的かつ保守的でアカデミックなら、浮世絵は歴史も浅くカウンターカルチャー的な色彩が濃い。

しかし、浮世絵がテーマにする風俗や人物、名所などは庶民にとって身近さと憧憬を兼ね備えたものだった。浮世絵には、かつてのブロマイドや絵ハガキに似た側面がある。今日なら、アイドルの画像をスマホの待ち受けにしたり、旅先の名勝をパチリと撮れるわけだが——そんな術があるわけもない江戸の民草は、浮世絵を眺めることで日常のひとコマに潤いを得ていたのだ。

北斎を抜擢、歌麿・写楽を発掘

蔦重は、本絵に劣らぬ色彩と芸術性を有する浮世絵が飛ぶように売れるのに刮目したことだろう。同時に卓越した画才が高い商品価値を有することにも。さらに、春信が町娘や吉原の遊女らをモデルとし画題に彼女たちの名を入れたことは鮮烈な記憶として残ったはずだ。

蔦重の本屋稼業の黎明期といえる安永五（一七七六）年に刊行した『青楼美人合姿鏡』は吉原の遊女を並べた画像集。これは春信のノウハウを踏襲した一冊といえよう。後述する歌麿の美人画も然り。蔦重は師宣にはじまり政信、春信と続く系譜をしっかりと継承し発展させていく。

重三郎は当初から浮世絵を本屋稼業の重要アイテムと認識していた。

駆け出しの吉原時代に早くも大御所の北尾重政、勝川春章らと仕事をしているし、その後も礒田湖龍斎、勝川春好、北尾政演、北尾政美らに挿画を担当させている。歌麿と写楽を発掘したのに加え、勝川春朗時代の葛飾北斎に声をかけたのは蔦重の慧眼だった。歌麿のライバル鳥居清長には黄表紙『嗚呼《ああ》不儘《ままならず》世之助噺』（亀遊文）の画を描かせている。

このように、蔦重は絵師の才能を見極めるのにも慧眼を発揮した。

だが、彼の本格的な一枚絵進出は歌麿と共にあったといって過言ではない。蔦重はまず天明後期の絵入狂歌本で歌麿に卓抜のデッサン力を発揮させ、次の寛政期に美人大首絵という新たなテーマを与えて一世を風靡、時代の寵児に押し上げてみせた。

次いで蔦重は東洲斎写楽を発掘する。写楽はそれまでの、どの浮世絵師もなしえなかったアングルと表現力をもって役者大首絵を描き、今なお存在感を発揮し続けている。

ただ、惜しむらくは蔦重と彼らふたりとの蜜月関係はさほど長くない。歌麿とは天明から寛政初期の間、写楽にいたっては一年に満たない。

しかも、このふたりは謎めいたところが多い点でも共通している。

ただ、蔦重が歌麿と写楽という不世出の浮世絵師の最盛期に仕事を共にし、最も良質な作品群を刊行したという事実は揺るがない。歌麿と写楽を語るには蔦重を避けて通れない。

歌麿と写楽の謎の究明についてはそれぞれの研究家に委ねたい。本書では通説や有力説を紹介することにして、むしろ蔦重とふたりの巨人をめぐる時代の事情や軌跡を追うことにする。

謎多き前半生

蔦重と歌麿の初仕事は志水燕十の文による滑稽本『身貌大通神略縁記《みなりだいつうじんりゃくえんぎ》』とされている。刊行は天明元（一七八一）年。刊記には「画工忍岡哥麿」とあり、この本で初めて「うたまろ」と名乗ったらしい。忍岡は現在の上野公園のあたり、寛永寺をいただく台地の地名だから、当時の歌麿はこの辺りに住んでいたと推測してよかろう。「らしい」「よかろう」と続けたのは、いずれも推論であって結論が出ていないからだ。

とにかく歌麿には謎が多い。「うたまろ」に「歌麿」の字を宛てるべきか否かも一考すべきところではある。現存する浮世絵の署名には「哥」表記のほうが多く、むしろ「歌」は少ない。だが、一般的な知名度は常用漢字の「歌」が圧倒的、よって本書でも「歌麿」と表記する。

ついでに「歌麿」の読み方だが、東洋美術史研究家の尾高鮮之助や浮世絵研究家の林美一ら先達たちは「うたまろ」ではなく「うたまる」だと指摘している。歌麿は艶本（春画）でも一家を為したが、そこには「うた丸」という記述がいくつもある。林は『艶本研究　歌麿』（有光書房）

にこう書いた。
「我らの大歌麿は、うたさん、うたまるさん、で江戸の民衆に親しまれていたのである」
こう列記するだけでも、歌麿がなかなか一筋縄でいかぬ絵師だとわかろうものだが……彼の出生どころか蔦重との出逢いの経緯も判然とはしていない。

＊

喜多川歌麿は宝暦三年から八年（一七五三～五八）の間に生まれたとされている。

志水燕十の文による滑稽本『身貌大通神略縁記』。東京都立中央図書館蔵

姓は北川、幼名は市太郎で後に勇助、勇記。出生地は未詳ながら江戸、川越、京、大坂、野州（栃木）などいくつかの説がある。

歌麿没後の天保四（一八三三）年、絵師の渓斎英泉は『无《む》名翁《めいおう》随筆』（別名『続浮世絵類考』）で江戸の産と書いた。ただ、江戸のどこで産声をあげたかは決定打に欠く。蔦重と同じ吉原出身説もあるが、これは歌麿が妓楼や遊女を画題にして成功したことに拠っているのは明らか。的確なデータがあってのことではない。

その一方、没年は文化三（一八〇六）年九月二十日が通説になっている。

歌麿の菩提寺、浅草北松山町にあった専光寺の過去帳に書かれているのが右記の年月日。さらに享年五十四とあるので逆算すれば、歌麿の出生は宝暦三年となる。それなら蔦重より三つ年下というわけだ。

もっとも歌麿の墓は幕末から明治にかけて荒れるに任せてあり、浮世絵研究家たちが見つけた時は台座しか残っていなかったという。歌麿には妻子があったのか、なかったのかも意見が分かれている。この大物浮世絵師が家庭を持たぬまま鬼籍に入り、歳月を重ねた末に墓参する人もなくなった——一抹の哀切のみならず栄枯盛衰の残酷さを感じる。

歌麿の墓碑の再建は大正六（一九一七）年、さらに大正十二年の関東大震災を機に寺が世田谷区北烏山に移転している。

＊

歌麿の画が初めて世に出たのは明和七（一七七〇）年だった。

蔦重が二十一歳になって、ようよう吉原細見を売ろうかという頃、歌麿は歳旦絵入俳諧『ちよのはる』に挿画を残した。これは正月の会で披露する俳諧を集めた俳書で鳥山石燕一門が中心となり画を担当したもの。『ちよのはる』収録の茄子の画には「少年石要《しゃくよう》画」の署名があり、これが歌麿デビュー作とされる。

おかげで、ようやく歌麿の来歴が具体的な形をもって浮かびあがってきた。まず歌麿が石燕の弟子だったこと。石燕は俳諧に深く親しみ、その道では東柳窓燕志の門下とされる。絵は狩野周信《ちかのぶ》、玉燕から学んだ。石燕には「石」か「燕」の字をとった弟子が多く、歌麿の「石要」もその伝にならっている。また、後年の歌麿の武者絵『関羽』に「零陵洞《れいりょうどう》門人哥麻呂画」とあり、零陵洞が石燕の号なので師弟関係にあることは判然としている。

そして話は十八年後の天明八年に飛ぶのだが——蔦重が歌麿に卓抜の写生術を発揮させた『画本虫撰』に石燕は跋文を寄せているので意訳してみよう。

「子どもだった歌麿は秋津虫（トンボ）を繋ぎ、はたはた（バッタ）、蟋蟀（コオロギ）などを手の上に乗せてあそんでいた」

歌麿が何歳で石燕に入門したのかはわからぬが、虫遊びに夢中になるのだから十歳くらいまでのことか。しかし、石燕はいかなる理由で幼子を弟子に迎えたのか、それもまた詳らかにはなっていない。おかげで歌麿が石燕の庶子あるいは養子だったという説がある。

かくいう石燕は狩野派の絵師だったが本絵より卑俗な世界で活躍した。ことに妖怪画は有名で『画図百鬼夜行』『今昔画図続百鬼』はじめ数々の版本が現存している。石燕の描く妖怪画を一瞥すれば、『ゲゲゲの鬼太郎』の水木しげるに大きな影響を与えているのは明白。その意味で今日の私たちが抱く妖怪のビジュアルイメージは石燕に負うところが大きい。

橋渡しは春町か？　重政か？

歌麿のデビューが『ちよのはる』だとすると、過去帳の没年から逆算すれば十八歳。「少年」と呼ぶにはギリギリの年齢であり、特別に早熟というわけでもない。

この後、彼がどんな作品を描き、どんな生活を送っていたかは再び闇に包まれてしまう。だが安永四（一七七五）年の冬、歌麿は富本正本『四十八手恋所訳《しじゅうはってこいのしょわけ》』の上下二巻のうちの下巻の表紙を描いた。通説に従えば二十三歳、彼は北川豊章と落款している。この名は石燕の本名佐野豊房にちなむ。しかも石燕が「豊」の字を許したのは歌麿くらいしかおらず、そういう由縁が前出の庶子、養子説につながっている。

それはともかく――富本正本といえば、読者は蔦重が版権を入手したことをご記憶のはず。しかし蔦重が富本正本版元組合に加わるのは安永五年、開板はその翌年からになる。『四十八手恋所訳』の版元は大黒屋平吉だ。安永四年の蔦重は二十六歳、鱗形屋孫兵衛の失態を衝いて吉原細見を売り出し本屋稼業を本格化させている。

そんな彼が歌麿に注目したとなれば、話は一気に展開する……だが数ある富本正本、しかも二巻物のうちの下巻の表紙画に着目し、それに感銘したり驚愕したりした様子はない。しかも歌麿はこの後しばらく目立つ仕事をしていない。

おそらく蔦重が彼の存在を知ったのは、本屋としての好敵手西村屋与八（永寿堂）、泉屋権四郎、竹川藤助らによる歌麿起用だったろう。そこに恋川春町や北尾重政という文と画の重鎮が被さってくる。

安永八年といえば、蔦重が一気に黄表紙で攻勢をかけ、江戸でいちばんの本屋に駆け上がる前年だ。同年、歌麿は竹川から洒落本『女鬼産《おきみやげ》』（和泉屋幸次郎相板）と咄本『寿々葉羅井《すすはらい》』、西与で黄表紙『東都見物左衛門』などを立て続けに開板している。この活躍ぶりが蔦重の眼にとまったとしても不思議ではない。

「一度、北川豊章という画工に逢ってみたいものです」

蔦重が歌麿との接点を求めた時、まず春町が交誼のきっかけをつくってくれそうだ。というのも春町は石燕門下、歌麿の先輩にあたる。

もうひとり、浮世絵界の親分的存在だった重政も格好の仲人役候補。彼と石燕は俳諧を通じて懇意の関係、それもあって歌麿は重政に私淑していた。画人伝『古画備考』（朝岡興禎《おきさだ》）では歌麿と重政の関係を「弟子同然也」と記しているし、初期の歌麿のタッチは重政の影響が濃い。兄弟子たる春町、敬愛する重政の口利きがあれば事はスムーズに運んだはず。

あるいは、歌麿の方から蔦重と昵懇のふたりの先達に橋渡しを頼んだ可能性もある。

八頭身美人を描いた清長

歌麿にとって新進気鋭の本屋蔦重との仕事は願ったり叶ったり――それというのも、安永末期の歌麿は忸怩たる想いに苛まれていたからだ。

蔦重より先に歌麿へ声がけしたのは他ならぬ西与だった。地本問屋永寿堂から黄表紙の発注を受けた歌麿は前途洋々の気持ちだったろう。しかし、西与は数回のやりとりで歌麿を見限った。

歌麿に代わって重用されたのが鳥居清長だ。清長は役者絵で名高い鳥居派の英才、宝暦二（一七五二）年生まれだから年齢は歌麿とさほどかわらない。歌麿に清長を意識するなというほうが無理というものだ。

ただ、この時点での絵師としてのキャリアは清長に分があった。彼はすでに明和四（一七六七）年の時点で紅摺絵を描いている。歌麿のデビューはその三年後だ。

西与は黄表紙の挿画だけでなく、まだ歌麿が手を染めていなかった美人画の一枚絵を清長に描かせている。果たして清長が創出した八頭身のすらりとした美人画は、これまでの美人画の枠を飛び出した傑作として大いに江戸を席巻するようになる。美人画名人の系譜は春信から清長へとバトンが渡ったのだ。

一方、この頃の蔦重はあまり積極的に清長と接触をもたなかった。挿絵では前記した『世之助噺』、錦絵だと天明七、八年（一七八七、八八）の売り出しとされる『三囲《みめぐり》参詣の図』くらいではなかろうか。

蔦重は胸の内の天秤に歌麿と清長をかけ、歌麿に重きをおいた。そして蔦重は明確な意図をもって歌麿と向き合った。

気鋭の絵師を売り込む

捲土重来を期す歌麿としても、蔦重のひとかたならぬ肩入れはありがたいものだった。

天明元（一七八一）年、蔦重はまず滑稽本『身貌大通神略縁記』で歌麿と志水燕十を組ませる。作者の燕十は「燕」の字が示すとおり石燕一門。歌麿と燕十のどちらが先輩か不明だが、蔦重としては、まず同門同士を組ませて肩慣らしをさせようという意図だったのだろう。これが春町となると大先輩のうえ、戯作界における格が違いすぎる。

蔦重は次に歌麿を狂歌壇へ引き込んだ。天明初年、蔦重は狂歌に興味を示す文人墨客たちを集結させる。それは単に狂歌集を編もうという目論見のみならず、戯作者や絵師ら制作陣の充実と開板物の量産に直結した。蔦重に〝江戸の知的セレブの後見人〟という得難いブランドイメージが付与されたことも大きい。

天明二年秋、「忍岡」で「戯作者の会」が催される。

招かれたのは、蔦重が狂歌壇の首魁に据えた大田南畝（四方赤良）を筆頭に朱楽菅江、春町、喜三二、市場通笑、芝全交、森羅万象などなど。重政や春章といった絵師にも声がけした。美人画でスターダムにのぼりかけている清長も呼ばれている。注目すべきは主催者が「画工哥麿」という点だ（南畝なんぞは『蜀山人判取帳』でこの催しに触れ、お得意の調子で「うた麿大明神」と記している）。

本会は狂歌壇を形成する先駆けともなった。セッティングしたのは蔦重だろうし、主催者に歌麿をもってきた目的は明確だ。蔦重はネームバリューに乏しい歌麿を江戸の文人たちの前へ押し出した。同時に、自分が歌麿をバックアップしているということもアピールできた。かようなアクションは、蔦重のエディター、プランナー、ディレクター、プロデューサーとしての本領発揮というべき。ちなみに歌麿の狂歌における名は筆綾丸《ふでのあやまる》、何となく蔦重の蔦唐丸を彷彿させる。

蜜月関係

その後、蔦重はいっそう歌麿に傾注していく。

蔦重の熱の入れようが尋常でないのは、歌麿を自宅（耕書堂）に住まわせたところにもあらわれている。少し後年のことになるが、天明七（一七八七）年の絵入狂歌本『麦生子《ばくせいし》』には「蔦の本の哥麿」と記してあるくらいで、蔦重と歌麿の蜜月関係がわかる。

　蔦重が本格的に囲い込んだ以上、他の本屋はなかなか歌麿に声をかけにくい。美術史家の浅野秀剛が執筆した『喜多川歌麿』（新潮日本美術文庫）によれば、天明期の歌麿作品は「推定も含めて、錦絵・摺物が八二点、絵入版本などが五五点、合計一三七点確認できるが、そのうち蔦屋重三郎版が九一点」であり「歌麿の作品のほとんどは蔦屋から刊行されたものと考えられる」。

『青楼仁和嘉女芸者部』。アメリカ議会図書館蔵

　天明三年の『青楼仁和嘉《にわか》女芸者部』は、実質的に初めて歌麿が挑んだ大判錦絵（約三十九×二十六センチ）となった。一枚物ではなく六枚揃えの冊子で、タイトルが示すとおり女芸者をモデルにしている。その中の「大万度　萩江　おいよ　竹次」の一葉には絵の左下隅に袋入りの細見が見える。この年、耕書堂が細見の独占出版を達成しているだけに、これは歌麿の機智それともサービスか。あるいは蔦重のひと言があったのか。

　同年には『青楼尓和嘉《にわか》鹿嶋踊《かしまおどり》』で遊郭の禿《かむろ》《かぶろ》（遊女に仕える少女）たちの大判錦絵を開板した。これら二作は歌麿と知っているから初期のタッチだとうなずけるものの、そうでなければすぐに彼の作と判別できまい。後年、美人大首絵でみせる豊満で妖艶な色香はまだ匂いたっておらず、清長風といってもいい画調になっている。

翌年、歌麿は蔦重開板の『古湊道中記』（山谷不可勝文、序は大田南畝）で初めて「喜多川歌麿」と名乗ったとされる。喜多川姓の前に短期間だけ「喜田川」があるが、もともとは「北川」姓だった。「北川」は私淑した北尾重政、重政と双璧だった勝川春章の両名から頂戴した姓だろう。そして喜多川は他ならぬ「喜多川柯理」、蔦重の本名だ。天明期の蔦重と歌麿の蜜月関係からすれば姓の変更は合点がいく。以降、歌麿は文化三（一八〇六）年に逝くまでずっと喜多川を名乗っているから、彼の蔦重に対する想いも知れようというものだ。

＊

ここから数年、蔦重は歌麿に錦絵の一枚絵を描かせていない。

その間、西与永寿堂は次々と清長の美人画の秀作を開板してみせた。蔦重は同時期、日本橋界隈通油町に進出、吉原細見独占出版、狂歌壇の結成と狂歌集そして黄表紙での快進撃……傍目には浮世絵の一枚絵に手を出すヒマも必要もないという繁多さ、繁盛ぶりだった。

しかし、蔦重のビジョンに錦絵進出の目論見がなかったわけではない。先述の歌麿二作品の美人画に加えて、絵師としての京伝、北尾政演には、天明三年に『吉原傾城新美人合自筆鏡』を任せている（傾城とは遊女のこと）。これを翌年には大奉書全紙版（三十七・七×六十一・一センチ）という大きなサイズの冊子にまとめて再版した。政演の美人画は安永五（一七七六）年開板で美術史に名を残す『青楼美人合姿鏡』（重政、春章画）の続編という位置づけがなされている。

それればかりか『吉原傾城新美人合自筆鏡』自体の後編もプランしていたものの、結局それは頓挫してしまった。

計画頓挫の要因は、西与永寿堂が擁する清長の美人画の評判があまりに良すぎて対抗しきれなかったからだろう。蔦重はいったん、この戦線から退却する。

だが、彼はしっかりとマーケットの需要を読んでいたはずだ。

「一枚絵の錦絵、しかも美人画は確かに売れます」

ただ清長の美人画を凌駕するアイディア、それを具現化する絵師が必要だった。

「政演こと京伝さんには、やっぱり戯作で大成してほしい」

そうなると——蔦重の視線は自ずと歌麿に向かう。ましてこの頃、蔦重は彼を居候させている。そこまで惚れ込んだ絵師を大成させられぬとなったら、江戸でいちばんの本屋の沽券にかかわる。

歌麿を起用した美人画売り出し作戦、プロデューサー蔦重のお手並み拝見——。

「写真」を極めた絵入狂歌本

しかし、蔦重はショートカットではなく寄り道する作戦に出た。

まず探ったのは絵入狂歌本というジャンルが持つ意味合いだ。蔦重は江戸の狂歌黄金期を支える本屋として君臨した。本来なら詠み捨てられる狂歌を集めて開板したのは、狂歌師という名の戯作者、絵師を掌中に置くためであり、江戸のセレブともいうべき狂歌師たちの威光を耕書堂に反映させるため、そして狂歌集がそれなりの売り上げをもたらしたからだ。

蔦重はそこに歌麿育成の場という役割を付与する。

天明六（一七八六）年、耕書堂から墨摺本（モノクロ版）の『絵本江戸爵《すずめ》』（蔦唐丸編）が開板された。これが歌麿初の絵入狂歌本となる。政演も同様に『天明新鐫五十人一首 吾妻曲狂歌文庫』（宿屋飯盛編）、重政は『絵本八十宇治川』（大田南畝編）や『絵《え》本《ほん》吾妻《あずま》抉《からげ》』（蔦唐丸編）などで画を担当している。政演だけ彩色摺りなのは『江戸生艶気樺焼』の大ヒットをはじめ黄表紙、洒落本、滑稽本で作者、絵師として大活躍する彼へのご褒美か。歌麿は翌年も『絵本詞の花』（蔦唐丸編）を開板しているがこれも墨摺本だ。

「いよいよ次から歌麿さんには彩色摺りの絵本をお願いしましょう」

蔦重の言葉に歌麿は腕を撫したことだろう。だが、蔦重はここでも注文をつける。

「ただし、今しばらくは写真の腕を磨いていただきます」

写真とはフォトグラフの意味ではなく「真を写す」こと、卓抜の写生画力をいう。蔦重が与えたモチーフは美人ではなく昆虫や爬虫類、貝、鳥。女を描き切る前に、自然の中にいる物いわぬ生物の表情、仕草、動きをリアリティたっぷりに写しとれ。それができれば、絵筆は女の姿形のみならず、内なるものまでとらえることができるはず――。

*

果然、歌麿は蔦重のリクエストに応じてみせる。

天明八年から、いよいよ歌麿の彩色摺り絵入狂歌本が発表された。寛政二（一七九〇）年までの三年間に七冊の絵入狂歌本をものしている。歌麿は蔦重の期待を大きく上回る成果をみせつけ

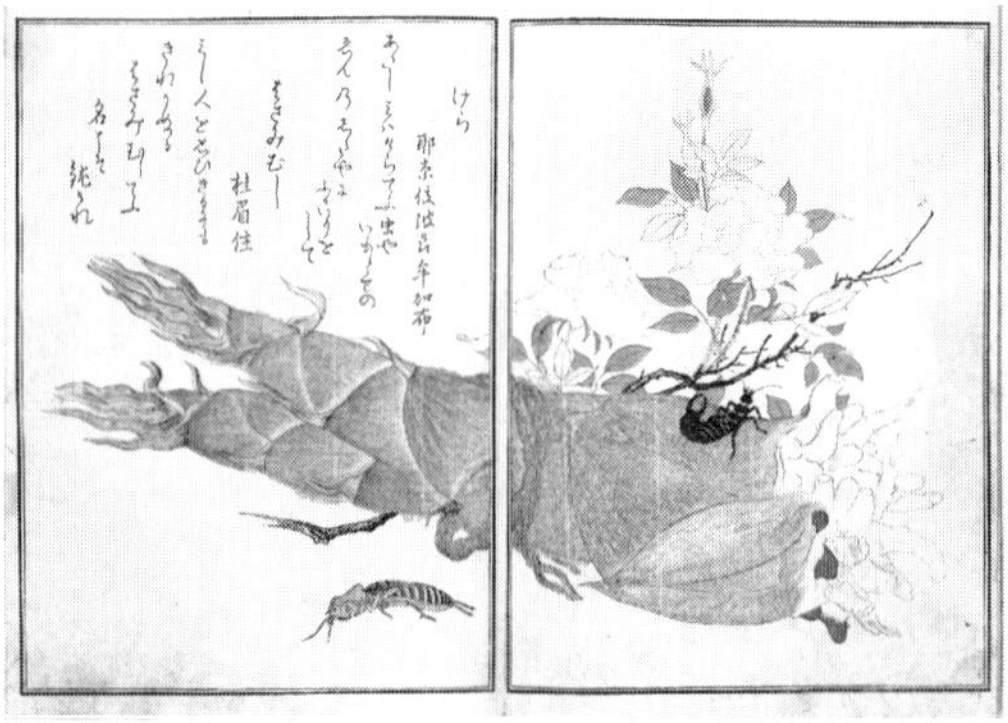

『画本虫撰』。江戸東京博物館蔵

た。

一連の作品群のなかでも、美術作品としてとりわけ高く評価されているのが劈頭の開板となった『画本虫撰』だ。自らの黄金期のスタートを宣言するが如く、歌麿の技と感性は冴えわたった。狂歌の選者は宿屋飯盛、本歌の歌合わせの一種「虫合わせ」にならい、名うての狂歌師三十人を選出、ふたりずつ虫をテーマに詠じ合う。歌麿は十五の歌合わせに対応する十五図を提供した。

毛虫と蜂、けらとはさみ虫、蝶と蜻蛉、蛇と蜥蜴《とかげ》……爬虫類が含まれているのは、当時の「虫」は鳥獣魚以外の動物を意味したからだ。

見開きに大きくレイアウトした植物、そこへ「虫」を絡めて描いた手腕はリアリズムを踏まえながら、その域を越え優美かつ高貴な世界に踏み込んでいる。

蔦重は下絵をみた段階で歌麿の精進と実力の伸長を再認識したことだろう。蔦重は豪華な装幀を用意し、錦絵制作のスタッフにも当代一流の彫師の藤一宗《ふじいっそう》を起用した。摺師は名こそ残されていないが、虫と植物の色合いだけでなく背景の陰影にも気を配った仕事ぶりは素晴らしい。『画本虫撰』は傑作の名にふさわしい、美術的価値の高い逸品となった。

摺師の技

以降も蔦重は歌麿に絵入狂歌本というステージを与える。

その舞台で、歌麿は写真の術を踏まえつつ人物、風景とモチーフの幅を広げていった。潮干狩りをテーマにした寛政元（一七八九）年の『潮干のつと』（朱楽菅江編）では、『画本虫撰』にも匹敵する三十六種の貝類の写真を披露しつつも、最初に浜辺に集う女と子ども、最後には座敷で貝合わせに興ずる娘たちという按配で、じわりと美人画の方へにじり寄っている。

同年には『狂月望《きょうげつぼう》』（紀定丸編）で月を愛でる人と風景、同二年の『銀世界』（宿屋飯盛編）は雪が主題、『普賢像』（頭光編）の桜という具合に「雪月花」の風流をハイレベルな画力と贅を尽くした装幀で具現化してみせた。しかも『狂月望』では師の石燕さながらの狩野派を彷彿させる構図と画法、『普賢像』においては名所風俗画の実力を発揮、それればかりか吉原の遊女や禿、御殿女中、芸者らの全身図が愉しめる。

美人の群像を全身図で描くのは清長が得意とする分野でもあった。このあたり、蔦重と歌麿は意識的に構図を決めたと思われる。まずは同じ土俵にあがってやろうというところだろう。

蔦重はエディター、アートディレクターとして辣腕を発揮した。『銀世界』で座敷に集う女子たちの姿を障子に映る影にして墨絵風にぼかす技術を駆使。雪景色の図では、子どもたちが転がす雪玉と彼らがこしらえた雪の獅子を、現在でいうエンボス加工に相当する、くっきりと浮き出す「きめだし」の手法で表現させた。それらは卓抜した技術を持つ摺師の存在なしには考えられ

『狂月望』。国立国会図書館デジタルコレクション

『普賢像』。メトロポリタン美術館蔵

ない。ここでも摺師の名が不明なのは残念ながら、蔦重は進境著しい歌麿の絵をバックアップするために優秀なスタッフを揃え万全の体制を整えている。歌麿も蔦重の期待に応え画業に励んだ。

寛政二年あるいは三年刊行の『百千鳥狂歌合』（奇々羅《ききら》金鶏《きんけい》編）では種々の鳥たちと真正面から向き合い、再び『画本虫撰』を彷彿させる写真の術を披露している。深まる自信と高まる評価――寛政元年、歌麿は「自成弌家」（一流の絵師の一員になった）と彫った印を用いた。通説によれば歌麿は三十七歳、自負だけでなく傲岸も入り混じった宣言のなかに、残るは錦絵の一枚絵のヒット作だけだという呻き声が漏れきこえてくる。

蔦重は一連の豪華な絵入狂歌本をリリースするにあたって、一部でお得意の入銀方式、自費出版にも似た形態をとったようだ。『百千鳥狂歌合』もその例に漏れない。選者の奇々羅金鶏はお世辞

『銀世界』。メトロポリタン美術館蔵

にも達者な狂歌作者とはいえない。だが、彼は上野（群馬県）七日市の藩医を経て、江戸で文人生活を送っていた。蔦屋耕書堂から狂歌集を開板することは金鶏の虚栄心を満たすに値する。しかも贅を尽くすだけの金銭負担を呑み込める御仁だった。蔦重は言葉巧みに口説き落としたのだろう。金鶏に気鋭の絵師のパトロンをつとめる自覚があったのかどうかは別にして、その歌集は歌麿の秀逸な写真術を発揮した画のおかげで江戸文芸の歴史に刻まれることになった。

美人大首絵という「コロンブスの卵」

寛政に入ってからの蔦重の動き、取り巻く情勢は風雲急を告げる。

天明七（一七八七）年から寛政の改革がスタート、蔦重はそれを黄表紙で痛烈にあげつらった。だが官憲の取り締まりは厳しさを増し、喜三二引退と春町逝去（自死？）という痛恨の結果が残る。

寛政三（一七九一）年、四十二歳となった蔦重は財産半分没収の沙汰をうけ、京伝も手鎖の刑に処せられる。耕書堂の経済的損失はもとより、蔦重には京伝の創作意欲の減退が響いた。

蔦重はしばらく再印本でお茶を濁すしかなかった（その中には京伝と歌麿コンビの黄表紙『扇蟹目《おうぎはかなめ》傘轆轤《からかさはろくろ》狂言末広栄《きょうげんすえひろさかえ》』も含まれる）。

耕書堂の自粛と不振は歌麿の画業にも影響した。寛政三年からの数年間、歌麿は栃木に赴き、篤志家のもとで肉筆画の制作に没頭していたという説があり、それを薦めたのは他ならぬ蔦重だとされている。

穿った見方をすれば、この沈黙期に新しい美人画の構想と試作がなされたと解せよう。それは歌麿の栄進はもちろん、財産を半減された蔦屋耕書堂の再興にも直結する。捲土重来に息巻く蔦重と過大なる期待を背負わされた歌麿――歌麿のプレッシャーの大きさは相当なものだったろう。しかし、彼はそれに応える画力を培っていた。

＊

寛政四年から五年にかけて、蔦重は一気呵成に歌麿の美人大首絵を開板する。

大首絵とはモデルの上半身をクローズアップした構図の錦絵をいう。

そもそも大首絵は役者絵における人気アイテムだった。それを美人画と結び付け、アレンジしたのが蔦重‐歌麿の眼の付けどころ。美人画は浮世絵開祖の菱川師宣以来、全身図が表現のセオリーとして定着、幾多の絵師がこのスタイルで名作をものしてきた。そこに、蔦重‐歌麿が盲点を衝く形で美人大首絵をぶつけてきたわけだ。まさにコロンブスの卵だった。

とはいえ美人画の歴史の中で蔦重‐歌麿が最初の美人大首絵の発案者、創始者というわけではない。『喜多川歌麿』で浅野秀剛は美人大首絵の嚆矢を指摘している。

「宝暦七年（一七五七）ころ刊行の洒落本、普穿山人《ふせんさんじん》著『秘事真告《ひじまつげ》』の付録『艶史《いろごと》人相七品《なないろの》考《かんがえ》』であろう」

この洒落本は上方での開板のうえ、世に出た時の蔦重は八つ（両親が離縁し叔父の利兵衛の養子となった年）、歌麿は通説だと五歳だから初版時に眼にしたことはなかろう。その後も幾度か美人大首絵は摺本となっている。ただ、これらは大評判を得るに至っていない。

江戸の民にとって美人大首絵といえば、やはり歌麿の作品の他は考えられなかった。それほどの業績を本屋と絵師は残すのだ。

「観相」から「江戸のアイドル」へ

蔦重‐歌麿による怒濤の攻勢ぶりを紹介しよう。

まずは『婦人相学十躰』と『婦女人相十品』の大判錦絵シリーズ。いずれも観相がテーマで、人相で人を判じる観相は当時の流行でもあった。歌麿が観相学者を気取って女の性格を描き分ける——トレンドに敏感な蔦屋耕書堂が売り出す浮世絵としてはピッタリの趣向だ。

『婦人相学十躰』では「面白キ相」や「浮気之相」「団扇を持つ女」「指折り数える女」など五図、『婦女人相十品』が「文読む女」「煙草の煙を吹く女」「日傘をさす女」など四図。両方に郵便切手の図案にもなった「ビードロ（ポッピン）を吹く娘」が含まれている。

これらのシリーズで歌麿は、ふっくらとした顔立ちに受け口気味の小さな唇、ひと重で切れ長の眼、すらりと長い鼻に立派な耳という〝歌麿美人様式〟を確立させている。しかも歌麿美人は豊満な肉体を持ち、目線や仕草の描写はなまなかでない妖艶さを滲ませる。そのくせ可憐さを忘れていない。娘、年増、未婚、既婚、素人、商売女……歌麿は年齢や属性が変わっても、表面的な美だけでなく内面的なものまで活写していく。

江戸の民は歌麿が描く美人大首絵を熱烈に支持し、新しい美人画のスタイルが誕生した。

勢いに乗り、蔦重‐歌麿は実在の女をモデルにした美人大首絵に挑む。

それが『当時三美人』や『江戸三美人』だ。『当時三美人』では中央に富本豊雛（吉原の玉村屋お抱えの女芸者で富本節の名取）、右が浅草の水茶屋の看板娘の難波屋おきた、左は両国薬研堀にある煎餅屋高島長兵衛の娘おひさ。三人の美人大首絵をトライアングルの配列で一枚の浮世絵のなかに並べてみせた。『江戸三美人』は配列が変わり、右におひさ、左がおきたになっている。これらも大ヒットし、三人を三尊像のように配置する構図は美人大首絵の定番となった。もっとも、おきた、おひさの人気はかなり高く、それぞれ単独でも大首絵が摺られた。

当時の江戸は〝水茶屋の看板娘ブーム〟の真っ只中。今でいうカフェの人気スタッフに衆目が集まっていた。おきたはもちろん、おひさも父の経営する両国の水茶屋で店頭に立っていた。時の人を画題にするという発想は、やはり蔦重ならではのビジネス感覚だ。

『当時三美人』。ボストン美術館蔵

さらに、美人画のモデルは江戸のアイドルというべきであり、男目線の購入動機は容易に想像できる。だが女の需要も多かった。モデルはファッションリーダーの役目を担っており、髪型や装飾品、着物の柄などに注目が集まったからだ。美人大首絵は現代のグラビア画像に匹敵するだけでなく、ファッション情報を発信するニュース性の高いメディアでもあった。

表情から読める性格描写

寛政五、六年（一七九三、九四）も歌麿の快進撃は続く。『当世踊子揃』『歌撰恋之部』『青楼七小町』といった美人大首絵シリーズ、吉原の遊女の七分座像シリーズ『当時全盛美人揃』、再び美人全身図に取り組んだ『青楼十二時』など、やることなすことすべてが好評だった。

ここで注目したいのは、吉原の遊女をモチーフとして取り上げたことだ。画中には遊女たちの名前はもちろん妓楼の名も明記してある。蔦重のホームタウン吉原は寛政の改革の締め付けで豪遊するお大尽が減り苦境にあった。並ぶ者のないほどの人気を得た歌麿を起用しての遊女美人画シリーズは、吉原にとって大きなパブリシティ効果を生んだはず。妓楼の経営者たちにとっては願ってもないことであり、あるいは彼らが内々に〝広告費〟を支払っていた可能性は否定できない。蔦重にはそれを拒む理由がないし、当然、蔦重から持ちかけたと考えることもできる。さらにはモデルになった遊女や妓楼の主だけでなく、贔屓客だってかなりの部数を購入してくれたはずだ。

また別角度からみれば、一枚絵を制作する費用が、黄表紙や絵入狂歌本よりずっと安価だったことは資金難の耕書堂にとって大きな魅力だった。一連の歌麿美人画が財産を半分没収された蔦重に与えた恩恵は計り知れない——。

それでも、蔦重は『婦人相学十躰』と『婦女人相十品』で各々十点の連作を謳っていながら開板を果たせていない。これがアイディア枯渇に起因するとは考えにくい。「無い袖は振れない」ということだったろうし、定信による出版統制も意識せざるを得なかったのだろう。

*

歌麿以前の美人画は描写が画一的だった。口元をわずかに緩めるか、眼を細めた表情は穏健、美人の棲む画の世界は平和そのもの。画面から女の声がきこえてくるなら「あら、よい月だこと」「風が吹いてきた」程度の他愛のなさでしかなく、彼女たちの胸の内までは窺いしれない。だが歌麿は女の性格描写にまで踏み込んでいった。画から女たちの心の呟きが漏れてくるのだ。『婦人相学十躰』の「浮気之相」の、コケティッシュな湯あがりの年増美人の微笑は何を意味するのか。そもそも首を回して誰をみて、何を語ろうとしているのか。この美人画を手にした者はさまざまなストーリーを愉しめる。

『婦女人相十品』のうち「煙草の煙を吹く女」

『婦女人相十品』では「煙草の煙を吹く女」の表情、ふ～～っと吐いた紫煙の行き先がアンニュイな世界を現出させる。「やれやれ」「どうしょうもないねえ」と半ば困惑しつつ、もう半分は諦観する女。歎息の原因はやはり男女の情話がからむのか……映画のシーンを彷彿させる一枚だ。

『歌撰恋之部』では「物思恋」の人妻が眼を細めて頬杖をつき、倦怠感たっぷりに沈思する。去来するのは娘時代の恋、それとも現身《うつしみ》の情夫か。いずれにせよ「恋」を「物思」う彼女の表情はすばらしく饒舌だ。

美人画の表現は歌麿「以前」と「以降」に分けられるほどニュアンスが異なる。

距離を置き始める歌麿

歌麿の最盛期は寛政三年から七、八年（一七九一〜九五、九六）あたりというのが浮世絵研究家や美術史家がこぞって指摘するところだ。そこに蔦重の大きな存在があったこともまた斯界の常識となっている。

だが、蔦重と歌麿の蜜月関係は寛政六（一七九四）年頃から雲行きが怪しくなってくる。『江戸高名美人』（河重版、鶴屋喜右衛門版）に次いで『当時全盛美人揃』（若狭屋与市版）、『北国五色墨』（伊勢孫版）、『青楼仁和嘉女芸者之部』（鶴屋喜右衛門版）など蔦重以外の本屋との仕事が目立ってくるのだ。

蔦重と歌麿の間にいったい何が起こったのか？

蔦重が歌麿を手放す、あるいは見限るというのは考えにくい。それとも、歌麿の方が蔦重を敬遠したのだろうか。歌麿は、すでに寛政元年の時点で「自成一家」と不遜なほどの自信を示していた。これほどプライドが高かっただけに、美人画成功の陰に蔦重ありという声がおもしろくなかった、ということも考えられる。

蔦重の競合相手からみれば、歌麿人気にあやかりたいのは当然のこと。蔦重のライバルたちが手練手管の限りを尽くし歌麿を籠絡した？——などなど、推論はいくらでもできるが、その正解は歌麿の前半生や私生活と同じく判然としない。

だが、蔦重‐歌麿の縁が完全に切れてしまったわけではない。歌麿は、その後も『糸屋小いとか相』、『霞織娘雛形』といった秀作を耕書堂からリリースしている。この点を考慮すれば、蔦重が、外の世界へ羽ばたきたくてうずうずしている歌麿のため、鳥かごの扉を開いてやったという見方もできる。一方、自由になった歌麿は、得意の大首絵のみならず全身図、大判画を二枚、三枚と繋いで展開する群像図、さらには芝居や浄瑠璃をモチーフに男女の情愛を画に昇華させるといった新たな取り組みに挑んだ。

ただ、歌麿は濫作の時代を迎える。数多の本屋からの注文を捌くうち画調はマンネリズムに陥り、蔦重のもと美人大首絵でみせつけた鮮烈かつ情感あふれる画風は衰えていった。

「ウタマロ」と春画

二〇一三年十月から翌年一月にかけて大英博物館が催した「大春画展」は九万人近い観覧者を集めた。展示された浮世絵のなかでも白眉と高い評判を得たのが他ならぬ歌麿の春画だ。

春画は艶本、咲本、笑本ともいい（いずれも読みは「えほん」）、枕絵、勝絵、笑い絵、ワ印などの別名がある。春画のテーマはセックスに他ならない。だが、春画はポルノグラフィーのように一義的な目的で愛用されていない。

性の営みは五穀豊穣、子孫繁栄と密接に結びつく。春画の別名に「咲」「笑」の字を宛てたとおり、江戸の民は色恋や色情を陽気に捉え、そこに滑稽さも感じとった。「咲」は「わらう、えむ」であり「口をすぼめて笑う」が原意。「笑」は「咲」が転じて一般化した字（『漢字源』／学研）。それゆえ、春画は新春にふさわしい寿ぎの絵として年礼の進物にさえなった。『江戸人の性』（氏家幹人／草思社文庫）には、江戸藩邸勤務となった藩士が奥女中への恒例の手土産として携えるのは新刊の春画と書かれている。同趣のエピソードとして江戸城内の「坊主衆が懇意の大名たちに新春の『御祝儀』として（春画を）贈った」ともある。

その他に春画は嫁入り道具として求められたほか、武士の弾除け、衣類の虫除け、さらには火除けの効能まで信じられていた。その根底には、性事と超自然の呪力との結びつきがあろう。陽物（生殖器）信仰はその典型で、日本各地にみられる。まして春画の性器はとんでもなく巨大に描かれており、江戸の民が一種の神通力を感じてもおかしくはない。


このように、春画は卑俗で卑猥ではあったが浮世絵のジャンルとして認知され、武家から庶民にまで男女を問わず広く愛された。

とはいえ、春画が本屋の店先で堂々と売られていたわけではない。

寛政の改革でも春画禁令が発布されている。それでも蛇の道はヘビ、春画は求める客が多かったからこそ供給された。江戸時代を通じて総計三千点近い新刊の春画が制作されたという。特に貸本屋ルートは春画流通の要、江戸の各戸を回る業者たちは荷の奥に春画を忍ばせていた。実情をいえば、為政者は禁制の触れを出したものの、いたちごっこに終始し打つ手がなかった。

こんな背景があるからこそ、師宣、政信、祐信、春信、清長、北斎……一流の浮世絵師はこぞって春画を描いている。蔦重ゆかりの重政、春章、政演、政美だって例に漏れない。

当然のごとく歌麿は春画を手掛け、ここでも超一流の評価を得ている。

林美一『艶本研究　歌麿』によれば、歌麿の春画初作は天明三（一七八三）年の『仇心香の浮粋』だが版元はわかっていない。林の研究によれば「これより五年間、艶本の作なし」となる。

『歌満くら』。大英博物館蔵

歌麿の春画第二作は天明八年刊行とされる大判十二枚揃えの大作錦絵『歌満《うたま》くら』、蔦重が版元だった。

本作は蔦重 - 歌麿が制作した春画の最高峰というだけでなく、春画の代表作と高く評価されている。天明八年といえば『画本虫撰』の刊行と同時期。蔦重は歌麿に写真の技を極めるようリクエストし、それが確かな画力として開花した時だ。

歌麿はこの時点で写真に終わらずモデルの内面を描く術まで手に入れていた。表の時系列でいえば『婦人相学十躰』『婦女人相十品』で披露した特色が、すでに裏の春画で発揮されていたことは刮目すべき事実。『歌満くら』のページをめくれば、水中で河童に凌辱される海女の顔には当惑、嫌悪、やるせなさが浮かぶ。それを、岩の上でもうひとりの海女が見つめている。彼女は微笑んでいるものの、その真意は決して単純ではなさそうだ。

また、料理茶屋での後家と間夫との情事では、女が喜悦だけでなく面映ゆさゆえに袂で顔を隠し、男はニヤけた表情で後家の裾に頭を突っ込んでいる。

別の画は夜這い、毛むくじゃらのむくつけきオッサンが娘に無体を働こうとしている。ところが娘は気丈そのもの、男の顔に手をやって背けるばかりか、眉をひそませ男の腕にかぶりつく猛抵抗ぶり。さらに、茶屋の二階で逢引する男女は唇を重ねている。女は後ろ姿で顔がみえない。歌麿はこちらを向いている男も眼しか描かぬ。構図の工夫の卓抜さ、心憎い演出は『歌満くら』を名作たらしめている。しかも、男が手にする扇に書かれているのが宿屋飯盛の狂歌「蛤にはしをしっかとはさまれて鴫たちかぬる秋の夕くれ」なのだから蔦重ゆかりの穿ちが効いている。

『歌満くら』の春画はどれもこれも情感たっぷり、実にドラマティックだ。

切り取られた性事の一場面だけでなく、画にない前後のシーンまで眼に浮かぶ仕上がりになっている。蔦重としては、歌麿が春画でみせた新たな浮世絵の可能性を伸長させ、もっと早く美人大首絵として結実させたかっただろう。しかし、やはり寛政の改革下の筆禍事件が痛かった。

それでも出版人あるいはプロデューサー、ディレクター、プランナー……としての蔦重の功績は色あせない。絵入狂歌本、美人画、春画の各ジャンルにおける歌麿初期の傑作がすべて蔦屋耕書堂の刊行であること、その事実が蔦屋重三郎の偉大さを物語って余りある。

第六章　京伝と馬琴を橋渡し、北斎にも注目

化政文化への橋渡し

寛政は十三年までであり（一七八九〜一八〇一）、次が享和で文化、文政と元号が変わった。蔦重が戯作、狂歌、美人大首絵などを大ヒットさせた最盛期は天明後期から寛政前期にあたる。

歴史の教科書では、蔦重の業績というべき黄表紙、狂歌、美人大首絵などを「化政文化」にカテゴライズしているのだが、文化・文政時代は一八〇四年から三〇年までのこと。厳密にいえば蔦重は寛政期までの本屋であり、享和を経て文化、文政に至る時代の活動はなかった。

化政文化は、文学や浮世絵の中心が上方から江戸にシフトし、洒落に通、粋といった江戸で芽生えた美的センスが開花するという背景のもとに醸成された。刹那的、享楽的、頽廃的などが化政文化を語るキーワードとして用いられ、江戸の町人文化は爛熟期を迎える。

それらを考慮すれば、天明から寛政にかけての蔦重と彼に関わる江戸のクリエイターたちがなした仕事は、化政文化の先鞭をつけたばかりか、立派に中核を形成したと評価できよう。

寛政期、四十代を迎えた蔦重はジェットコースター並みの激しい浮き沈みを経験した。為政者をおちょくった黄表紙で大向こう受けしたかと思えば厳しい咎を受けた。だが返す刀で、戯作に代わって美人大首絵で一世を風靡してみせる。そのくせ、大成させた絵師との蜜月関係は長く続かない。

蔦重はこういった大きなトピックの合間にも有望な人材たちと交流をもっていた。蔦重の慧眼はさすがで、やがて彼らは江戸を代表する戯作者、絵師に大成した。

本章以降ではそんな逸材――曲亭馬琴、葛飾北斎、東洲斎写楽、十返舎一九たちと蔦重について述べていく。

曲亭馬琴と山東京伝

寛政四(一七九二)年、曲亭馬琴は蔦屋耕書堂で働きはじめた。蔦重は四十三歳、馬琴が二十六歳。歌麿が美人大首絵を発表し空前のブームを呼ぶ頃だ。

蔦重は京伝の紹介で馬琴を雇い入れた。京伝と馬琴の関係は、寛政二年の秋に馬琴が京伝を訪ねたことに端を発している。馬琴は本姓が滝沢興邦《おきくに》、明和四(一七六七)年に深川浄心寺の近くで生を受けた。彼は旗本の用人の子、武家とはいえ喜三二や春町のような上士ではなく下級武士だった。水谷氏から小笠原氏、有馬氏と主を替えた末、天明八(一七八八)年二十二歳と若くして病に伏し出仕を辞している。その後、医学や儒学を修したものの本意ならず、戯作で身をたてようと京伝を訪ねた。

馬琴作の京伝の伝記『伊波伝毛乃記《いわでものき》』の一節には「旧識の如し、其好む所同じければ也」と記されている。

馬琴はまるで旧友と再会したかのように書いているものの、両人が逢うのはこの時が最初だった。京伝が六つ年長、まして名もなき馬琴が、文と画の双方で江戸を代表する存在の京伝と伍して語り合うことは考えられない。馬琴はふたりの少年期の住まいが存外に近かったことまで思わせぶりに書いているが、そのおかげで知己を得たわけでもなく、牽強付会というものだろう。

京伝の弟で、やはり戯作者だった山東京山の『蜘蛛の糸巻』によれば事情は少し異なる。

「曲亭馬琴は寛政の初、家兄のもとへ酒一樽もちてはじめて尋来り、門人になりたきよしをいふ」

馬琴は酒樽の手土産を携え、京伝に弟子入りを請うたのだった。

だが京伝はそれを断った。しかし、それはいかにも京伝らしいウイットに富んだものだった。

「弟子入りは断るけれど気軽に雑談でもしにくればいい。書いたものがあれば読んであげよう」

どうやら京伝は馬琴に対して何か感じるところがあったようだ。馬琴も素直によろこび、これを機縁にたびたび京伝を訪れるようになる。こうして馬琴と京伝は親交を深めていった。

『蜘蛛の糸巻』には、京伝から馬琴へのアドバイスが記されており、それが京伝の〝戯作者心得〟になっていて興味深い。

「艸《くさ》ざうしの作は世をわたる家業ありて、かたはらのなぐさみにすべき物なり。今、時鳴《じめい》ある作者皆然り。さてまた戯作は弟子としておしふべき事一つもなし。さればおのれをはじめ古今の戯作者、一人も師匠はなし」

戯作でやっていくなら本業を持ち、執筆はその傍らに行うべきだ。今の有名どころの戯作者もみんなそうやっている。それに戯作は弟子に教えることは何もなく、自分（京伝）をはじめ古今の戯作者で師匠についた例は皆無なのだから。

蔦重の発案で、この寛政二年に京伝は江戸で初めて潤筆料をもらう戯作者となっている。しかし、一方では翌年の手鎖五十日の刑を予見するかのように『黒白水鏡』で過料処分を受け、意気消沈、この当代一の戯作者は真剣に戯作断筆を考えていたのだ。慌てた蔦重が必死に説得、何とか翻意させるのに成功した――という経緯がある。

ゴーストライター馬琴

馬琴は京伝のお眼鏡に適っただけあって、早々と文才を発揮することになる。

寛政二（一七九〇）年に京伝と「心やすくはなし」（『蜘蛛の糸巻』）をする仲になった馬琴は、寛政三年に初の黄表紙『尽用而二《つかいはたしてに》分狂言《ぶきょうげん》』を上梓した。大栄山人《だいえいさんじん》の筆名、京伝門人という触れ込みだった（画は歌川豊国）。蔦重ではなく和泉屋市兵衛（泉市甘泉堂）が版元になっている。それというのも、京伝は泉市に渡す約束の原稿が書けず、代わりに馬琴の作品を斡旋したのだった。京伝のスランプの深刻さが偲ばれる。

この、京都壬生寺の壬生狂言に題材を得た馬琴デビュー作は残念ながら評判にならなかった。

そんなことより、江戸の民の注目は蔦重と京伝が実刑を喰らったことに集中していた。

蔦重はようやく五十日間の手鎖の刑が解けた京伝を見舞い、さっそく翌春に発刊する黄表紙の打合せをした。ところが京伝の創作意欲は芳しくない。さりとて蔦重も傾いた蔦屋耕書堂を立て直さねばならず、京伝を宥めたりすかしたりする。京伝も義理ある蔦重の催促を断ることができない。

ふと傍らをみれば、そこにいるのは馬琴――折しも彼は京伝宅に居候していた。同年八月、馬琴が裏店住まいをしていた深川一帯は大洪水に見舞われた。京伝は一切合切の家財道具を失った馬琴を哀れに想い……という事情があったのだ。

京伝は律義にも衣服の面倒までみてやった。そこに下心があったわけではなかろう。しかし、筆を持つ気になれない戯作者と、彼の内弟子のつもりでいる駆け出し戯作者の利害は、破れ鍋に綴じ蓋よろしくぴったり合致する。ビクトル・ユゴーと出版社が『レ・ミゼラブル』をめぐって交わした手紙ではないが、京伝の「?」の打診に馬琴は「!」と応じた――。

『近世物之本江戸作者部類』や『伊波伝毛乃記』によれば、『竜宮《たつのみやこ》羶《なまぐさ》鉢木《はちのき》』(北尾重政画)は「趣向は京伝、文は馬琴代作」、『実語教幼稚講釈《じつごきょうおさなこうしゃく》』が「趣向・かき入れ、ともに馬琴代作」だった。馬琴が京伝のゴーストライターを務めたおかげで、これらの黄表紙は京伝作として世に出た。

蔦重は馬琴代作の件を承知していたのだろう(馬琴は蔦重にも秘密にしていたというが)。

蔦重と京伝の関係性からして京伝が黙っているとは考えにくい。仮に話さなかったとしても、名エディターの蔦重が草稿をみて代作を看破できぬわけはない。それでも出版したのだから、馬琴の腕前はなかなかのレベルだったことになる。とはいえ、名プロデューサーだった蔦重は本作をもって馬琴を〝大型新人登場!〟と売り出すまでには至らなかった……。何しろ蔦重は寛政の改革のお咎めで財政的に逼迫していた。〝京伝の復活〟と戯作量産という話題性を打ち出し、上々のセールスを残したい。これがビジネスマンとしての蔦重のホンネだっただろう。

北斎の挑戦

『実語教幼稚講釈』でさらに注目したいのは、画工に勝川春朗が起用されていることだ。馬琴によれば、画の元ネタは京伝の考案らしいが、とにかく実際に絵筆を執ったのは勝川春朗だった。この春朗とは後の葛飾北斎に他ならない。

北斎は宝暦十(一七六〇)年の生まれとされているから蔦重と十歳違いになる。北斎は馬琴より七つ上だ。

北斎は江戸の本所割下水(墨田区亀沢)の産、四つで幕府御用鏡師の養子になり、十四歳の頃に「木版彫刻家某につき木版技術を学」んだとする説が有力だ。安永七(一七七八)年に十九歳で「この頃、勝川春章に入門」、翌年から「勝川春朗として錦絵を発表し始める」(引用は『ボストン美術館　浮世絵名品展　北斎』図録)。

春朗として初めて注目されたのは同年の役者絵『四代目岩井半四郎』だった。勝川派は役者絵が主業だったから、春朗時代の北斎もその流れに沿ったと理解できる。

以降、彼は幾度もの改名を経て、齢九十まで生涯現役の絵師として数々の偉業を成し遂げた。何と九十三回も転居したというから、そちらの方もスケールが違う。

他ならぬ蔦重が北斎の将来性を嘱望していたことは明らかだ。

蔦重と北斎が知り合うきっかけは、やはり春朗時代の師匠たる春章の紹介かと思われる。また、天明期、春朗だった北斎は西村屋与八との仕事が多かった。北斎は源平合戦や中国武人、化け物など多彩なテーマを「浮絵」という遠近透視画法で描いた。後年、実にさまざまなモチーフの浮世絵を量産する北斎らしい〝雑食性〟が早くも芽生えている。

それらをめざとくみつけ、蔦重から声がけしたとも考えられる。だが、蔦重はこの時期すでに歌麿の画才と画力に惚れ、スター絵師育成に力を注いでいた。いきなり北斎がそこに割り込むのはなかなか難しかっただろう。

それでも蔦重は北斎に何かと仕事を与え、今後の展開を模索していた。


寛政二（一七九〇）年、蔦重は北斎に壬生狂言の演目をテーマに『桶取』『夫婦酒』『湯立』『節分』など、現在のところ確認されている十三点の色摺り浮世絵を任せた（いずれも春朗名義）。

歌麿の美人大首絵発表前夜ということを踏まえれば、北斎の描く女たちの立ち姿はいささかインパクトと迫力に欠ける。だが、その顔立ちには後々の〝大北斎〟のタッチの片鱗が漂う。何より、これら四枚の絵に描かれたお大尽や夫、神主、鬼といった男どもの表情、所作が秀逸。『北斎漫画』でみせつけることになる、北斎のユーモア精神が早くも立ちあらわれている。

『棒振』。壬生狂言を題材にした北斎（春朗名義）作品。Minneapolis Institute of Art, Gift of Louis W. Hill. Jr.

同時に蔦重が往時のトレンドをすばやく掬い取っている点にも着目したい。壬生狂言は深川永代寺での京都大仏の内弁財天開帳にあわせたアトラクションとして演じられ大好評を博す。それに乗じ、両国橋の見世物小屋でも盛んに類似の興行が打たれ、幇間の酒宴で演じるレパートリーにまで取り入れられていた。蔦重がこういった巷の新鮮な話題を画題として北斎に与えたのは、やはりヒットを狙ってのことだし、北斎に対する期待の大きさがうかがわれる（馬琴のデビュー作もまた、壬生狂言人気にあやかったことを付け加えておこう）。

蔦重は同じ寛政二年頃、北斎に『新板おどりゑづくし』という子ども向けの玩具絵も委ねた。小奉書紙（約三十三×四十七センチメートル）をタテに三分割した「細判」のなかに十六コマ、それぞれ異なる舞踊のワンシーンが封じ込まれている。こういった動きのある絵もまた北斎の豊かな画才の萌芽に他ならない。

「ゑづくし」は凧や魚類、武者、芝居道具などなど多彩なテーマで描かれた一枚絵図鑑で玩具絵と呼ばれる。子ども向けとはいえ、絵草紙屋にとっては手堅いアイテムだった。

結果として——その後、北斎はあまり「ゑづくし」を手掛けなかった。とはいえ、蔦重版ではないものの、紙玩具の「組上灯籠《くみあげとうろう》」という、錦絵を切り抜き糊で貼って組み立てるジオラマ仕立てのペーパークラフトにも手を染めている。北斎はおもちゃに供せられる絵でも細部や人物の表情、動作まで気を配り一切の手抜きをしていない。

蔦重は北斎に富本正本もあてがっている。寛政二年の『恋癖仮妻菊《こいはくせものかりのつまぎく》』、翌年には『褄裏跣《つまからげはだしの》振袖《ふりそで》』『桂川連理柵《かつらがわれんりのしがらみ》』などだ。また寛政四年には『実語教幼稚講釈』だけでなく『昔々桃太郎発端話説』、翌年の『貧福両道中之記』といった京伝作の黄表紙でも画を担当させている。

蔦重としては北斎の持つ可能性をあれこれと試してみたかったのだろう。まだまだ世に知られていない分、気軽に注文できたとも考えられる。北斎はそんな蔦重のリクエストに器用に応じてみせた。

『新板おどりゑづくし』。島根県立美術館蔵（永田コレクション）

次の売れ筋はなにか？

蔦屋耕書堂の仕事で北斎と馬琴のコンビはうまく協働できなかった。

これはそのまま蔦重と北斎、蔦重と馬琴のコンビネーションの不具合といいかえることもできる。馬琴が耕書堂で働いたのは寛政四年から五年（一七九二〜九三）まで。

その間にいくつかの作品を上梓したが、戯作者としての馬琴は蔦重のもとで大成できなかった。彼は著作に専念するつもりで、下駄屋の伊勢屋に婿入りする。蔦重が特に彼を慰留した形跡はない。書肆スタッフとしての馬琴の功績は彼の自著にも記されていない（かといって失態も書いていないが）。そもそも、馬琴にとって本屋の家僕など長々と勤めるに値しなかったか。あるいは、蔦重としてはもっと耕書堂を手伝ってほしかったものの、馬琴の職を辞してまで創作にかける意欲に気圧されたのか。

とにかく、武家出身の馬琴は下駄屋の親父に転身、そこから新たなる可能性を模索することになった。妻は三つ年上の三十、当時でいえば大年増、おまけに後家だった。

すでに狂歌の時代ではなく、黄表紙や洒落本の人気も全盛期を過ぎている。松平定信が老中職を免官されるのは寛政五年七月二十三日だが、定信がいなくなっても寛政の改革が廃されたわけではない。幕閣には定信の遺臣ともいうべき面々が残り、なお厳しい出版統制を敷いていた。

こういう世の中にどんな本がヒットするのか。

蔦重はあれこれと策を巡らせていた。その意味で、馬琴が蔦重のもとを辞して三年目の寛政八年に耕書堂から開板された、『高尾《たかお》船字《せんじ》文《もん》』（栄松斎長喜が挿絵）は次代を担う戯作「読本」を予見していた。

黄表紙は文と画の役割がイーブンに近い。それは黄表紙が絵草紙の一種、今日の絵本やコミックに近い読み物だった特質でもある。しかし、読本はより小説に接近しており、文章の比重がかなり大きい。読本は伝奇ロマンや怪異譚の要素が濃厚、中国小説からの大きな影響のもと文体も漢文体の擬古文を多用した。馬琴は『高尾船字文』が『水滸伝』の一部を模擬したことを明かしている。

もっとも馬琴は本作の出来に満足していない。未熟な疎文と認めている。しかも、滑稽物ばかりが売れていたから評判にもならなかった、とボヤいた。だが、読本は文化さらに文政の世になって大人気を博す。もちろん、その中心には馬琴がいた。彼は化政文化を代表する戯作者となってみせた。

馬琴にとっての蔦屋耕書堂での家僕生活、江戸でいちばんの本屋だった蔦重の一挙手一投足を目の当たりにしたことのプラスとマイナスの勘定はいかがなものだったのか。蔦重にしても馬琴が大物になった姿を実見できなかっただけでなく、読本の行方を見届けられなかったことは無念だったろう。

北斎の画業も美人画においては歌麿がいて割り込めなかった。

蔦重と歌麿の関係は相思相愛が長続きしなかったものの、蔦重には歌麿以外に美人画のジャンルを任せる気は稀薄だった。だが、蔦重と歌麿の思惑は齟齬をきたしてしまう。北斎にとってのチャンスは、こうして蔦重と歌麿の蜜月関係が崩れた後の一手にあったわけだが……。

蔦重は寛政時代初期、蔦屋耕書堂の役者絵を勝川春朗に託そうとしていたふしがある。二枚続きの『三代目坂田半五郎の旅の僧実は鎮西八郎為朝と市川鰕蔵の山賊実は文覚上人』などを開板

『新編水滸画伝』巻之一「伏魔殿壊て百八の悪星世に出」。Nationaal Museum van Wereldculturen (Rijksmuseum Volkenkunde Leiden)

したのが、その証左になる。しかし、蔦重は春朗の役者絵に満足しなかった。その要因は、春朗の作風が師である春章の影響から脱しきれなかったからだ。この点については蔦重も残念だったろうし、春朗にいたっては忸怩たるものが大きかったろう。

北斎はその後、勝川派を離れ寛政七年、三十六歳で俵屋宗理の名で作品を発表する。俵屋の名が示すとおり琳派の画風をも取り込んだ北斎は、その後も次々に画号を変遷させつつ画業一途に精進を遂げた。

文化三（一八〇六）年の春から数カ月、北斎は馬琴の家に寄寓している。蔦重が取り持ったふたりの仲は、その後も途絶えていなかったわけだ。両雄は同居生活の少し前から躍進を開始している。読本の時代が到来、『新編水滸画伝　初編初帙』『鎮西八郎為朝外伝　椿説弓張月　前編』『墨田川梅柳新書』などなど、馬琴の筆と北斎の絵筆の競演は強力無比だった。

先ほど、読本における文と挿画のパワーバランスは文章に分があると書いたが、馬琴と北斎の最強タッグチームにおいてはまったく互角、あたかも龍虎が対決するがごとき――。

例えば『新編水滸画伝』の巻之一「伏魔殿壊て百八の悪星世に出」の凄まじさはどうだ。閃光が爆発するかのように放たれ、挿絵からまぶしい光の束が飛び出すどころか爆音まできこえてくる。現代のコミックやアニメに比しても決して引けを取らない。いや凌駕している。

北斎が不世出の存在となるのは周知のこと。北斎が蔦重の仕事を受けていたのは三十代初めから半ばだった。蔦重は、北斎がその後の数十年に渡って異才と偉才ぶりを発揮、画狂老人と自称し畏敬されることを知る術をもっていない。

だが、北斎は名を成してからも蔦屋耕書堂との結びつきを蔑ろにはしていない。ただ、その時の主人は二代目蔦屋重三郎だった。

役者絵という鉱脈

蔦重は美人大首絵に続き役者絵での大ヒットを狙う。

それは寛政六（一七九四）年のこと、寛政三年以降の時系列でいうと洒落本三作の発禁に厳罰、京伝のスランプ、馬琴と北斎の登用、歌麿の美人大首絵大ヒット——こういう流れの次のアクションになる。余話として、寛政四年十月二十六日には蔦重の母津与が鬼籍に入る私的な大事もあった。また京伝は寛政五年の春、京橋銀座一丁目に間口九尺（三メートル弱）の煙草入れ屋をオープンさせている。その一方で遊女あがりの愛妻が死亡、以降の京伝は吉原に入り浸るようになった。

蔦重としては、歌麿に役者絵を描かせ話題騒然となることを狙っていた。

だが歌麿は拒否する。このあたりの本屋と絵師の齟齬は、どちらの力関係が上か下かということではあるまい。歌麿はこれを機に蔦屋耕書堂以外の本屋から美人画を開板するようになった。蔦重にすれば、歌麿の美人画への愛着を知っていながら、自分が説得すれば折れる、あるいは妥協点が見いだせると踏んでいたのだろう。

しかし歌麿の美人画に対する執着は蔦重の思惑以上のものだった――。


蔦重が役者絵を狙ったのには理由がある。

何より歌舞伎は庶民娯楽の王道だ。そのうえ都座、桐座、河原崎座という芝居小屋が新たに揃い踏みし大ニュースとなっていた。

もっともこの話には前段がある。天明末期の深刻な飢饉と物価高、寛政の改革による娯楽の規制で歌舞伎興行は勢いに陰りが生じていた。

まず、財政立て直しのための緊縮財政で人々の財布のヒモが固くなった。寛政五年の歌舞伎入場料は桟敷代で三十五匁（五万八千円強）、土間代二十五匁（四万一千円強）。二十年前の安永三（一七七四）年のおよそ倍の価格になっていた。令和六（二〇二四）年の歌舞伎座の桟敷席が二万円ほどだから、それと比べても寛政期の入場料の割高感が理解できよう。

それに加え、質素倹約や文武奨励という寛政の改革の風潮が芝居見物を後ろめたいものにしたことも見逃せない。おかげで色街はもとより芝居町にも閑古鳥が鳴いた。

かような情勢のもと、本櫓《ほんやぐら》と呼ばれる、幕府官許により芝居興行の権利を有する三座つまり中村座、市村座、森田座がこぞって不入り不況をかこつことになってしまった。

三座の座元（興行主）は劇場と興行権を握ってはいる。しかし、かといって手元が潤沢というわけではない。金主（たいがいが大手商人）たちから出資を募り、興行収入を分配することで劇場運営が可能になる。寛政期に入ってそのシステムがうまく機能しなくなっていた。

座元は衣装や道具にかける費用の増大にも悩んだ。天明期は田沼景気で何事も豪奢に傾いた。そんな世情を歌舞伎の舞台が具現化するのだから、費用がかさむのは当然。そこに劇場の改修や補修費用が重なる。

さらに追い討ちをかけたのが歌舞伎役者のギャラ高騰だ。俗に千両役者というが、これはギャラの最高額の上限を年俸千両に定めたことに由来する。しかし、千両以上を稼ぐ役者が続出していた。女形であてた三代目瀬川菊之丞は数人の妾をおき、大名屋敷さながらの豪邸に住まいしたという。座元が幕府へ願い出て最高額五百両のサラリーキャップ制を敷いたのは、遅まきながら寛政六年十月だった……。それでも限度額をオーバーする役者が何人もいた。

しかし役者は江戸のスター、庶民の憧れでなければならない。彼らが落魄し窮乏の日々を送るようになれば歌舞伎は歌舞伎でなくなってしまう。芝居の世界が抱えるジレンマは深刻だった。

こうした必要経費が累積すれば大きな負債となるのは当然。

江戸三座はことごとく首が回らず、赤字を抱えるに至った。金主からもそっぽを向かれ、寛政五年十一月の顔見世でとうとう三座揃って休座となった。代わって興行権を譲り受けたのが都座、桐座、河原崎座の控櫓（仮櫓）三座だ。

江戸の民にとって期待は大きかったろうが、控櫓というピンチヒッターゆえの不安もあったはず。舞台の幕が開くまで座元や役者、金主はハラハラしたことだろう。

そんな中、蔦重は控櫓興行がプラスに転がると読んだ。

江戸歌舞伎では新春興行に曾我物を上演するのが習い。寛政六年初春も都座が「初曙観曾《はつあけぼのかおみせそ》我《が》」、桐座で「舞台花若栄曾《ぶたいのはなわかやぎそ》我《が》」、河原崎座は「御曳花愛敬曾我《ごひいきのはなあいきょうそが》」と揃って曾我物を打ち出した。初春の曾我狂言の舞台が好評で、その後も五月まで客の入りが好調だった場合、各座は「曾我祭」をとり行う。

めでたいことに、寛政六年の控櫓三座の興行は首尾よく五月の曾我祭へ漕ぎつけた。蔦重のトレンドを先読みし見極める眼力は正解だった。当然、彼は役者絵を開板するために動き出していた。蔦屋耕書堂が本格的に乗り出す役者絵――その原動力となるのが、まったく無名ながら凄まじい破壊力を秘めた新人絵師だった。

人気絵師へのアプローチ合戦

蔦重が役者絵で成功するためには、いくつかの課題をクリアしなければいけない。

ひとつはライバルの動向、役者絵は売れ筋商品だから蔦屋耕書堂でなくとも開板したいアイテムだ。どの本屋も手ぐすねを引いていた。

そこにもうひとつ、画工を誰にするかというのが絡んでくる。当然、人気絵師の争奪戦は熾烈となる。蔦重ほどのアイディアマンなら早々に手を打っていなければいけない。だが、寛政五（一七九三）年十一月の顔見世で打って出るのは見送っている。それどころか寛政六年初春狂言というタイミングまでみすみす逃した。

絶好のチャンスを逸したのはなぜか？

ひとつには資金繰りがあろう。そのために役者や座元とのスポンサー契約を模索し、交渉が難航した可能性はある。蔦重にとって入銀方式は、吉原の遊女名鑑や絵入狂歌本などで実証済みのノウハウ。しっかりと事前に資金調達しておけば世間をアッと驚かす展開に打って出られる。

蔦重は足繁く座元のもとに通ったはずだ。資金繰りだけでなく、役者と演目の情報は役者絵作画の必須情報だけにきちんと把握しておかねばならない。

しかし、蔦重が座元を訪れた時点で、江戸の本屋たちは蔦屋耕書堂の参戦を知ったとみてよい。いくら「内密にお願いします」と座元に因果を含めても、そんなものは口約束、蔦重の動向は筒抜けだっただろう。ライバルたちが黙っているわけはない。

そうなると、絵師を誰にするかという問題が複雑になってくる。蔦屋耕書堂に対抗するため、江戸の本屋たちは人気絵師へのアプローチ合戦を繰り広げたことだろう。蔦重もこれには頭を悩ませた。何しろ子飼いの絵師には適任者がいない。

当時、役者絵をめぐる動向は風雲急を告げていた。

まず寛政四年の年末に勝川春章が逝った（三年没説もある）。

春章は、蔦重の初の大仕事『青楼美人合姿鏡《せいろうびじんあわせすがたかがみ》』で重政と共に吉原の美人を描いた。この三巻三冊の絵本が発表された安永五（一七七六）年当時、春章はすでに役者絵というジャンルに「似顔絵」という新たなエッセンスを加えた浮世絵界の大立者だった。

明和七（一七七〇）年、四十五歳だった春章は一筆斎文調との合作で役者を似顔絵で描く試みに着手した。それまでの役者絵は演者の表情に頓着することなく、紋所や書入れ文字、当たり役の隈や装束を描くことで役者を類別するのが習いだった。三枡の定紋なら市川團十郎という具合に了解していた。しかし、春章と文調は明和期後半から役者の表情、所作を特徴的にとらえ個性を際立たせる手法を編み出していく。ことに春章の作は人気を博した。まだ紅摺絵で売られるのが大半だった時代に、春章の役者絵は極彩色の錦絵として次々に開板されている。値が張っても、春章の役者似顔絵は大いに売れたのだ。

また春章が扇、団扇の絵柄にも役者の上半身をクローズアップして描き、それが「役者大首絵」に展開していくのも見逃してはならない。歌麿がこの手法に大きな影響を受けたのは前記したとおり。春朗（北斎）もまた師の作風にことのほか強い影響を受けている。

春章の逝去後、弟子たちが勝川流役者絵の系譜を継いだ。

しかし、それで勝川派が安泰だったかというと疑問符がつく。春朗は師の没直後に新たな画風と画法を求めて勝川派を離れていった（破門という説もある）。残った高弟の春好は中風を患って利き手を使えなくなり、左筆にならざるを得ないという事態に見舞われていた。いきおい、春英が気を吐かざるを得ない状況に陥ってしまった。

役者絵の次代は誰が中心になるのか——江戸の本屋なら誰もが気になる状況だった。策士蔦重にすれば千載一遇のチャンス、大型新人を擁して大いに売り出したい……だが、ライバルに先を越されてしまう。

勝川派の対抗馬として大きな注目を集めたのは初代歌川豊国だった。

豊国は明和六（一七六九）年の生まれというから蔦重より十九も年下の新進気鋭だ。

豊国は幼い頃から歌川派の始祖豊春に学んだ。豊春は遠近透視画法を用いた「浮絵」の風景画や吉原の遊女を画題にした肉筆画で名を成している。この豊春、一時は鳥山石燕のもとにいたというから、恋川春町や歌麿らとも一脈通じることになる。

豊国は寛政初年あたりから地本問屋和泉屋市兵衛（泉市甘泉堂）に登用され著しい進境ぶりをみせはじめていた。その成果が寛政六年正月からの泉市開板の『役者舞台之姿絵』シリーズで花開く。豊国はこの連作で役者似顔絵の第一人者に躍り出た。

とはいえ、蔦重の絵師リストに豊国が入っていたとは考えにくい。泉市の存在があるだけにアプローチは難しかったはずだ。

豊国‐泉市にいっぽん取られた蔦重——稀代の本屋はどう動いたのだろう。

第七章　最後の大勝負・写楽の「役者絵」プロジェクト

新人絵師の登用

蔦重は一流の策士だが、かなりの慎重居士でもあった。

吉原細見にはじまり狂歌、黄表紙、美人画……いずれも一気に攻勢を仕掛けて人気爆発という成功を収めたが、それらの裏には充分な手回しがあった。

蔦重にとって役者絵進出は蔦屋耕書堂の命運をかけた大プロジェクトに他ならない。それだけに絵師の人選にはこれまで以上に力を注いだことだろう。

だが、蔦重は無名の新人を登用するという、彼らしからぬギャンブルに打って出るのだ。

蔦重が白羽の矢をたてたのは東洲斎写楽だった。

今でこそ写楽の名は「四大浮世絵師」——歌麿、北斎、広重と共に語られている。だが、寛政六（一七九四）年五月に写楽の役者大首絵二十八点が同時開板されるまで、絵師写楽の名は江戸では誰も知らなかった。何しろ、写楽はそれまで一度とて挿絵や錦絵を発表したことがなかったのだ。

もちろん、蔦重にとってこんなことは承知のうえ、それでも豊国に対抗すべく強引ともいうべき売り出し作戦を敢行する。

まず、二十八点がすべて大判黒雲母《きら》摺りの大首絵というのが尋常ではなかった。

雲母摺りとは雲母《うんも》あるいは貝殻の粉末を膠《にかわ》で溶いて背景を塗りつぶす手法をいう。きらきらと光り、豪奢で高級なイメージを与えてくれる。現代ならメンバーズカードやキャラクターシールなどにみられる、光を反射させるホログラム加工に相当しよう。蔦屋耕書堂が本格的に打って出る役者絵、写楽のデビュー作を雲母摺りにしたのは蔦重の発案だろう。なぜなら、歌麿の美人大首絵で雲母摺りの効果は実証済みだった——。

役者絵のバックが黒というのは新たな効果をもたらした。それは、あたかも舞台の照明が消え、役者にスポットライトというべき龕灯《がんどう》の光を当てたような劇的なシーンを演出する。写楽の役者絵を手にした江戸の民は息を呑んだ。

加えて、前述した二十八点という同時開板の点数が話題にならぬわけはない。蔦重はかつて歌麿の美人画で『青楼十二時』シリーズ十二点を売り出しているものの、写楽の役者絵の数は破格だった。

何がそこまで蔦重を強気にしたのか——江戸の本屋連中は首を傾げたに違いない。しかし、これだけの黒雲母摺りの画が店頭に派手派手しく並べられたら、注目を浴びるのは当然のことだった。その意味で蔦重の思惑は見事にツボにはまったわけだ。

「あまりに真を画かんとて」

しかし豪奢な摺りや常識外れの一挙開板以上に衆目を集めたのは写楽の画そのものだった。画期的、革新的、斬新、鮮烈、型破り、大胆、デフォルメ、カリカチュア……。これらは写楽の役者絵に対する今日《こんにち》の評価に他ならない。第五章で振り返ったように菱川師宣を嚆矢とする浮世絵の歴史を俯瞰することのできる、私たちが思わず漏らす感慨だ。

江戸時代の評価については以下のものがある。

「これまた歌舞伎役者の似顔をうつせしが、あまりに真を画かんとて、あらぬさまにかきなせしかば、長く世に行われず、一両年にして止ム」

これが、当時の写楽を語るとき必ず引き合いに出される『浮世絵類考』の文言の全文。

短文ながら、これほど蔦重と写楽の役者大首絵プロジェクトの本質を衝いた文章は他にない。しかも、この達意の文を記したのが大田南畝というのは、蔦重との関連からいっても興味深い。

文章の前半は春章、文調以来の役者似顔絵を描いたと額面通りに解して異論はなかろう。ただ後半は深い示唆に富んでいる。南畝がいう役者の「真」とは役者その人の真実、リアリティと受け取れよう。とはいえ、役者絵というのはノーメイクの役者を描くのではなく、あくまで彼が扮した役柄を写す。当然、隈どりをはじめ化粧を施し鬘《かつら》と衣装も整っている画となる。写楽もこの約束あるいは共通見解に準じて二十八枚の画をものした。

ところが、写楽の絵筆は浮世絵界の常識を甚だしく逸脱してしまう。それが蔦重の指示だったのか、それとも写楽の意図だったかはわからない。ただ、蔦重のプロデューサー、エディターとしてのアドバイス（もしくは干渉）と、画を具現化させた写楽のクリエイティビティとのせめぎ合いの凄まじさは想像に難くない。それほど強烈なインプレッションを残す役者絵ができあがった——いや、完成してしまった。

南畝はこれを「あまりに真を画かんとて」、役柄を超越して「あらぬさま」つまり「あまりにリアルな役者の表情」を活写し、忖度なしに「役者の本性」「美醜」「品格」などなどを暴いてしまったと指摘した。

南畝が最初の『浮世絵類考』を書き終えたのは寛政二（一七九〇）年頃とされている。この時点で写楽はまだデビューしていないから、南畝の文章は寛政六年以降に書かれたことになる。『浮世絵類考』は版本として刊行されておらず写本として伝わってきた。ここに記した写楽評は寛政六年五月以降に書き加えられたものと考えざるを得ない。

写楽の第一期作品群

写楽のデビュー作二十八点の中から数点をピックアップし、南畝評を考証してみよう。

まず『三代目大谷鬼次の江戸兵衛』。この画は写楽の役者絵のみならず全作品を通じての代表作といっても過言ではあるまい。私が漁った写楽関連本のほとんどがこの画を表紙にしている。一度みれば決して忘れないインパクトは、黒雲母摺りをバックに大きく突き出された白塗りの大首が浮かび上がるというアングル、色づかいの賜物だ。そのうえ、力感あふれる筆づかいが尋常ならざる迫力を生んでいる。への字に曲げた唇、大きな鷲鼻、眉を押し上げ寄り目になって睨みつける見得を切った際の表情——そこだけをピックアップすればユーモラスなニュアンスも醸されていいはずだが、笑いは一掃され凄まじい緊迫感が画面を強引に支配している。

この眉、眼、鼻、口こそが写楽スタイルともいうべき描法であり、一見して写楽の筆になるものと判別できる個性を創出している。

そして、この画で必ず話題にのぼるのが両手の描写だ。迫りくる力感は善しとしよう。しかし顔や上半身に比して極端に小さいうえ、デッサンが完全に狂ってしまっているのは何ゆえのことなのか。デフォルメ、カリカチュアという写楽についてまわる表現は、この画

『三代目大谷鬼次の江戸兵衛』

『初代市川男女蔵の奴一平』

の顔貌と手をみれば自然と漏れてくる――。

写楽がプロの絵師ではないという推測もまた、この「両手」がいわしめるところだ。モデルの大谷鬼次は実悪（悪役、敵役）の役者。この画は河原崎座上演の「恋女房染分手綱《こいにょうぼうそめわけたづな》」に取材、大谷鬼次は奴一平《やっこいっぺい》の懐にある公金三百両を狙う悪漢江戸兵衛を演じている。

この画とペアになるのが、その奴一平を画題にした『初代市川男女蔵《いちかわおめぞう》の奴一平』。江戸兵衛が右向きなら、こちらは左向きで描かれている。江戸の歌舞伎ファンはこれら二枚を左右に対峙させて鑑賞したと想像するのも愉しい。

写楽は、奴一平が刀を抜いたシーンを切り取った。大金を奪われまいとする必死さ、緊迫感が切実に伝わってくるのは、写楽の表情描写の卓抜さが遺憾なく発揮されているからだ。芝居では江戸兵衛だけでなく、さらに二名の暴漢に囲まれているという設定だった。舞台を観た者なら、この情景が鮮やかによみがえったことだろう。


次いで『市川鰕蔵の竹村定之進』。

これもまた写楽の代表作のひとつとして広く世に親しまれている。とりわけ昭和三十年から四十年代生まれの者にとっては馴染み深い一枚だろう。この画は「えび蔵」として図案化され、切手趣味週間の記念切手（昭和三十一年発行）になり、切手収集ブームとあいまって大人気を博した。額面十円ながら、私が物心ついた頃には数千円の値になっていたと記憶している。師宣の「見返り美人」や広重の「月に雁」、歌麿の「ビードロを吹く娘」も然り、私も切手アルバムに

『市川鰕蔵の竹村定之進』

〝写楽〟をはじめ高価な浮世絵切手が並ぶことを夢みていたものだ。

切手の原本たる本作は河原崎座の「恋女房染分手綱」に取材したとされる。鰕蔵は明和七（一七七〇）年に五代目團十郎を襲名して以来、立役はもちろん女形もこなす達者な芸風で江戸歌舞伎を盛り立てた大物役者だった。鰕蔵を名乗ったのは寛政三（一七九一）年のことだ。鰕蔵は狂歌や俳諧にも通じていて「花道のつらね」の名で狂歌連に加わっていたから、蔦重とも懇意の仲だったとみていい。

写楽は天明‐寛政期を代表する名優が両眉を上げ、眼を見開き、口の片端をあげた瞬間、「ぐいっ」という形容がふさわしい表情を切り取っている。握った手の力強さも見逃せない。この画に横溢する力感こそ写楽の役者絵の神髄といえよう。

女形の「真」を衝く

写楽は女形も画題にしている。

蔦重と写楽はこのモチーフに対し、従来にない大胆なアプローチを試みた。それこそが南畝のいうところの「あまりに真を画かんとて、あらぬさまにかきなせし」に該当する。

ルックスは歌舞伎役者にとって重要なファクターだ。就中《なかんずく》、女形にとって〝見た目〟は生命線だった。しかも女形は男が異性を演じるというパラドックスを前提にしている。観客は舞台上の〝女装の男優〟を女とみなして芝居に興じる。中年男が娘役を、醜男が美女を演じる〝無理〟をも飲み込んで納得するのが観劇の共通認識だ。

ところが蔦重と写楽の役者絵プロジェクトは、その大事な〝お約束〟に踏み込んでいく。

写楽は、女形の化粧と衣装の下には男が隠れていることばかりか、年齢や美醜まで遠慮なく「真を描いた」。写楽の女形絵に美貌や可憐といった要素は稀薄で、その代わりに男が演じているという、芝居ファンなら見て見ぬふりをするところを露骨に押し出している。

蔦重－写楽の役者大首絵プロジェクトでは二十八枚のうち十枚、十人の女形が描かれている。七枚が単独の大首絵、三枚にふたりの役者を配するという構成だった。役者名は二代目岩井喜代太郎と初代坂東善次が一枚に、四代目岩井半四郎、初代中山富三郎、三代目瀬川菊之丞、三代目佐野川市松（二枚／一枚は単独、もう一枚は男形《おとこがた》の市川富右衛門と）、二代目瀬川富三郎は二枚で一枚は単独、もう一枚が女形の中村万世と一緒。そして二代目小佐川常世と初代松本米三郎というラインナップだ。

いずれも、ひと目で写楽とわかる筆づかい、強烈な個性が横溢する画風となっている。そこに共通するのはまず眼の表情。男形陣に比べてつぶらで、殺伐や緊張、驚嘆、哀愁といった色はかなり控えめになっている。ただ、蔦重－写楽は女形の画に一服の毒を盛ることを忘れなかった。

しかも、それは強力なのだ。

都座の「花菖蒲文禄曾我」に取材した『三代目瀬川菊之丞の田辺文蔵妻おしづ』のモデル瀬川菊之丞は麗しい外貌とすぐれた演技、典雅な台詞まわしなどがあいまって名女形の誉れが高かった。第六章に記したとおり菊之丞は超高額のギャラをもらい、数人の妾を囲っていた役者でもある。

写楽は瓜実《うりざね》顔、通った鼻筋、受け口と菊之丞の特徴を余すところなく伝えている。

だが、この一枚から伝わるのは美貌や名演技よりも菊之丞が男であるがゆえの虚構だった。言葉を飾らずにいえば、写楽の菊之丞はさほど美しくない。心身の不調を暗示する病鉢巻という小物やこめかみに貼りつくほつれ毛といった〝演出〟も「おしづ」という役のみならず、菊之丞のやつれた感じを助長している（この舞台

『初代松本米三郎のけわい坂の少将実は松下造酒之進妹娘しのぶ』

『三代目瀬川菊之丞の田辺文蔵妻おしづ』

でおしづは病鉢巻をしていなかったという指摘がある。あくまで蔦重－写楽の作為だった)。

このとき菊之丞は御年四十四、初老の域に達していた。「そろそろ」あるいは「もう」女を演じるには限界が兆していた……。

写楽の残酷なまでの筆致を実感するには『初代松本米三郎～』と対比するのがいい。

米三郎は二十一歳の若手女形、画面からうける潑剌さや肌艶の良し悪しまで菊之丞と好対照だ。

歌川豊国もまた菊之丞を何度か画題に取りあげた。

だが、豊国の描いたところは写楽の画とは別人のようだ。豊国は「似顔絵」に真をそのまま写す〝蛮行〟を行わない。彼は歌舞伎ファンや役者が望む〝理想〟というフィクションを多分に配合することを心得ていた。

写楽から二年後、豊国は菊之丞が演じた大星由良之助の妻お石の画を開板している。

その画からは、あくまでも美しく描こうという意図が感じられる。菊之丞は四十六歳になっているが老醜の気配は微塵も描かれていない。しかも画調はどことなく歌麿風だ。歌麿は、とことん女性の表層と内面の美を突き詰めようとしたし、豊国も同じ路線にいる。

だが、写楽は違う――。

写楽が画面に封じ込んだのは女形という名の「男」そして「現身《うつしみ》の残酷さ」に他ならない。

三代目佐野川市松は『祇園町の白人おなよ』『祇園町の白人おなよと蟹坂藤馬』(白人とは私娼

をいう）の二枚の画題となった。左右、どちらのサイドからみた顔容《かんばせ》も面長で鼻は巨大、美貌の女形とはいい難い。そこにこんな後付けのエピソードが重なると——市松は寛政十（一七九八）年、女形を続けるのが限界となり男形として市川荒五郎に改名する——余計にバイアスがかかり、女を演じる男の姿の限界すら浮かんできてしまう。

さらに令和三（二〇二一）年、横尾忠則は伝統木版画の技法を援用し、写楽の役者絵をモチーフに「摺れ摺れ草」シリーズを発表した。そのなかに市松もある。横尾は白人おなよの化粧をまるでマスクのように描き、その仮面が外れ落ちる瞬間をとらえた。その下に垣間見られる面容は、写楽の本画ではそれほど気にならないほつれ毛が、まるで頬骨のように映り、男のゴツゴツした質感が漂ってくる。

豊国が描いた『大星由良之助の妻お石』

『祇園町の白人おなよ』

写楽の犠牲（？）になったのは市松や菊之丞だけではない。

若々しさで菊之丞を圧倒した米三郎の画もまた化粧の下の男が炙り出されている。もちろんほかの七人もしかり。いずれも「こんな顔をしたオジさんがいるよなァ」という感想を禁じえない。

ただ、個人的には『初代中山富三郎の造酒之進娘宮ぎの』のひどく小さな眼、巨大な鼻、ごつくて張り出した顎などなどが真を写しているとしても、ユーモラスで親近感のわく魅力ある画にみえた。富三郎は「ぐにゃ富」のニックネームを奉られた人気と実力を兼ねた名優だった。「ぐにゃ」は柔和、愛嬌をイメージした江戸時代の褒め言葉。春英や豊国も「ぐにゃ富」を描いており、彼らの画をみても――とりわけ写楽の前年に蔦重が開板した勝川春英の富三郎（市川高麗蔵、坂田半五郎とともに描かれた作品）は写楽との共通点が多い。こうしてみれば写楽のとらえた富三郎の特徴は間違いのないところといえそうだ。

とはいえ写楽の二十八枚の役者絵の多くは、描かれた当人や座元、ファンたちにとっては不都合の極み――できれば違う絵師に筆をとってほしかったのではあるまいか。

実働期間十カ月

写楽の実働期間はわずか十カ月、活動期間は四期に分けられる。

第一期が寛政六（一七九四）年の五月興行、第二期は七月と八月興行、第三期に十一月と閏十一月の顔見世興行という順になり、寛政七年の第四期が新春公演という具合だ。

蔦重はこうして写楽に役者絵を描かせたほか、若干の相撲絵や武者絵なども手掛けさせた。現在、蔦屋耕書堂から開板された写楽の役者絵は百三十四点、相撲絵や武者絵などが十点ということになっている。実働期間は十カ月と極めて短い。その間に画風や構図が激しく変化しただけでなく、時間を追うにつれ画の放つインパクトも稀薄となっていった。

他にも平成二十（二〇〇八）年の夏にはギリシャ国立コルフ・アジア美術館で写楽肉筆扇面画が「発見」されたり、石水博物館蔵の「老人図」やシカゴ美術館蔵「お多福図」といった肉筆扇面画が存在するものの蔦重と関連が稀薄なので本稿では省く。

第二期以降の写楽の浮世絵を駆け足でさらっていこう。

第二期では大首絵が姿を消し全て全身画となる。蔦重‐写楽の役者絵プロジェクトにおいてイニシアティブを握っていたのは蔦重に他ならない。蔦重は写楽デビューから一、二カ月ほどの短時間に大胆な路線変更を決断したことになる。

それを左右したのは、まずデビューシリーズの売り上げだったと思われる。江戸の人々や同業者、絵師たちには作品的な意味で大きな衝撃を与えただろう。だが、いかんせん役者絵を購う層には受け入れられなかった。果たして蔦重は「チェッ」と舌打ちしたのか。それとも、彼ほどの手練れならば充分に織り込み済みのことだったのか……。

写楽は役者絵の常識をひっくり返した。だが、蔦屋耕書堂の金蔵を潤すには至らなかった。

当時の大判錦絵は二十文ほど。蕎麦が十六文だったから現代だと五百円くらいの価格に相当する。

第二期の幕開けを飾るのは『篠塚浦右衛門の都座口上図』。篠塚浦右衛門は都座で口上を述べていた役者、彼の持つ巻紙には薄っすらと反転した文字が透けている。

「口上　自是二番目新板似顔奉入御覧候（これよりにばんめしんばんにがおごらんにいれたてまつりそうろう）」

この画は芝居だけでなく写楽の役者シリーズ第二弾のスタートをも宣言しているわけだ。こういった趣向、仕掛けは黄表紙時代の蔦重の得意とするところ。安永九（一七八〇）年の『見立蓬莱《みたてほうらい》』巻末で蔦重（と思しき人物）が舞台の幕を開けようとしている画、寛政三（一七九一）年『箱入娘面屋人魚《はこいりむすめめんやにんぎょう》』において蔦重が登場し「まじめなる口上」を述べている画を彷彿させる。蔦重を知る人なら思わずニヤリというところだ。さて、肝心の画は――モデルが座っているのと、画面いっぱいに描かれているので全身像ながら大首絵のニュアンスに近い印象も受ける。皺だらけの顔、神妙にも得意気にもみえる表情などは、写楽が第一期でみせた闊達な描写が活きている。

『篠塚浦右衛門の都座口上図』

第二期の作品群はこの一点に加え以下、控櫓三座の「けいせい三本傘」（都座）、「二本松陸奥生長《にほんまつみちのくそだち》」

と「同二番目」（ともに河原崎座）、「神霊矢口渡」と「四方錦故郷旅路《よものにしきこきょうのたびじ》」（ともに桐座）の舞台から役者ひとり、あるいはふたりが絡むシーン全三十八点となる。サイズは大判が八点に対し、細判三十点と細判が圧倒的に多い。大判錦絵は約三十九×二十六センチメートル、細判は約三十三×十五センチメートル。頭から足までの立像を細判に描いたことで、第二期の作品には縦長のイメージが強い。この点は第一期と趣きが大きく異なる。

　また、背景は描かれず黄一色のものが目立つ。

　背景を単色で摺る技法は「地潰し」と呼ばれ、蔦重は第二期写楽作品群で「黄潰し」を採用した。これは歌麿が美人画でよく用いたものだ。極めてシンプルな技法ながら、効果的に人物像を浮き立たせることができる。しかもバックを濃淡のムラなく塗りこめるには、摺師の優れた技術が欠かせない。蔦重は歌麿のために江戸で名うての摺師を用意したはずで（それは彫師も同様）、今回もその腕を発揮してもらったわけだ。

　しかし、デビューシリーズより全体的にインパクト不足を感じるのは、やはり大首絵ならではの迫力、未知の絵師の登場といったアピール要素の欠如のせいだろう。

　また、写楽の全身画のなかには、首の突き出し方や身のくねらせ方など、どこかぎくしゃくした感じを受けるものがある。しかし、これは彼の画力が拙いからばかりではない。豊国はじめ達者な絵師たちも同様の描き方をしている。歌舞伎の「型」を示すひとつのパターンでもあると理解したい。

役者絵ファンからの熱烈な支持

一方、写楽の全身画を評価する声は現代においても根強く、とりわけ芝居通あるいは芝居絵ファンの間で顕著なようだ。

所作や演技に「型」を重んじる歌舞伎において、表情だけ（しかも写楽の場合は露悪的）では芝居と役者の醍醐味が伝わらないという不満が昂じてしまう。表情や目線にプラスして腕や袖の動き、足さばきと裾の割れ方などが描かれたことで、写楽の画に舞台の再現性が高まった。

写楽は顔貌を描く筆づかいに第一期大首絵の筆致を用いつつ、首の位置、手足の動き、身の曲げ方などを細かに描写してみせた。ここには舞台のワンシーンが見事に封印されているといっても過言ではない。『三代目大谷広次の名護屋の下部土佐の又平』『三代目市川八百蔵の不破伴左衛門重勝と三代目坂田半五郎の子そだての観音坊』『初代市川男女蔵の富田兵太郎と三代目大谷鬼次の川島治部五郎』などはその代表例となろう。

役者絵は興行との連動が重視されるし、舞台あっての役者絵でもある。衣装や小道具などへの注目度も高かった。蔦重としては座元や役者、ファンの要望を蔑ろにはできない。全身図への転換は歌舞伎界の意向を色濃く反映したものとも解釈できる。

江戸の役者絵ファンも第二期の写楽作品群でようやく溜飲を下げたはずだ。

そして、この写楽の作風の変化は彼の歌舞伎への理解の深化なくして実現しない。おそらく蔦重から写楽に「もっと芝居に接して歌舞伎を研究せよ」という指示があったと思われる。

酷評される第三期

第三期は十一月の顔見世からは、都座「閏訥子《うるうどし》名《めい》和歌《か》誉《のほまれ》」、桐座「男山御江戸盤石」「同二番目」、河原崎座「松貞婦《まつはみさお》女《おんな》楠《くすのき》」「同二番目」、そして閏十一月の都座「花都廓縄張《はなのみやこくるわのなわばり》」をはじめ六十四点にものぼる。

これら顔見世狂言に取材した作品数は五十八点、細判全身画のほか大首絵が復活し、間判《あいばん》（大判と細判の中間サイズに相当。縦一尺一寸で約三十三・三センチメートル、横七寸五分で約二十二・七センチメートル）も採用された。これまでの「東洲斎写楽画」だけでなく新たに「写楽画」の落款がみられるのも特徴だ。

第三期作品の顕著な特徴は一部の全身画に背景が加えられたこと。樹木や障子、簾などが中心で舞台の臨場感を出そうという工夫が偲ばれる。しかしその結果、斬新かつオリジナリティが売り物だった写楽の画風が、オーソドックスな勝川派のスタイルを連想させるものになってしまった。大首絵においても第一期のインパクトを凌駕することはできずマンネリズムが漂う。

また一期や二期では瀬川富三郎、沢村淀五郎、谷村虎蔵、篠塚浦右衛門といった、さほど有名ではない役者を取り上げていた。これは、蔦重が彼らから入銀していたのではないかという推論もあるのだが、それが事実かはさておき、三期のモデルは大向こう受けする有名どころに重点を置いている。

第三期の作品群は現代の美術評論において「芸術的感興に欠ける」「筆が荒れ始めた」「デッサ

ン力の低下」だけでなく「役者名の誤記が目立つ」とあまり評判はよろしくない。なかには「魂の抜けた形骸」「駄作」という酷評もある始末。

　蔦重としては、座元やファンの要望をうまく取り込む戦術に転換したのだが……写楽自身のボルテージの低下も相まって、思惑どおりにはいっていない。あるいは写楽が病か怪我、身内の不幸などに見舞われ作画に集中できなかったのか。そもそも第一期作品から話題は呼んでも爆発的なセールスを記録できなかっただけに、蔦重は苦笑どころか閉口したことだろう。


　それでもアイディアマンの蔦重は写楽に新たなテーマを与えている――二点の役者追善絵がそれだ。

　追善絵とは文字通り、人気役者の追悼と冥福を祈る浮世絵で、ファンにとっては最後のワンピースとして手に入れておきたいアイテムだった。対象となったのは公家悪（敵役）で卓越した実力を示した二代目中島三甫右衛門《なかじまみほえもん》と、これも名女形の誉高かった初代中村富十郎。写楽は三甫右衛門の当たり役たる演目「暫《しばらく》」の受《うけ》（閻魔）と彼に捕らわれた富十郎の太刀下を描く。もう一枚は、二代目市川門之助で「暫」のヒーローを演じている。右に三甫右衛門と富十郎の画、左に門之助の画を配すれば閻魔のもとへ乗り込む暫というシーンが現出する仕掛けだ。

　立役の有望株だった門之助は寛政六（一七九四）年十月十九日に急逝した。蔦重は抜かりなくその追善絵を開板してみせた。三甫右衛門が天明二（一七八二）年、富十郎は天明六年と没年から時間が経っているが、そこは門之助ありきの企画なので咎めだてては無粋というものだ。

三枚続き『大童山の土俵入り』より

同じく新趣向の相撲絵にも注目したい。相撲絵で蔦重－写楽が選んだのは、数え七歳ながら身長三尺七寸九分（約百十五センチ）、体重十九貫（約七十一キロ）あった大童山《だいどうざん》。ぷっくりしたアンコ型の体型で、いかにも頑是ないチビッ子力士の愛らしさとユーモラスさを写楽は遺憾なく表現した。第三期の『大童山の土俵入り』は三枚続きの画で中央に大童山、向かって左の画に雷電為右衛門や谷風梶之助などレジェンド力士を描くサービスぶりだ。同じタイトルで大童山ひとりをピックアップし背景に軍配と弓を配した画もある。

第四期、寛政七年開板の『大童山文五郎の碁盤上げ』も頬の緩む一枚に仕上がった。大童山が碁盤を団扇か扇子がわりにして風を起こし、ろうそくの火を消している。画全体を包むユーモアとウイットは写楽の天性なのか、それとも蔦重のアドバイスだったのか。恋川春町や山東京伝、唐来参和が考えつきそうなアイディアでもある。

第四期には『大童山の鬼退治』の相撲絵も開板された。相撲は歌舞伎と並ぶメジャーな娯楽であり、寛政期は勧進相撲が大人気を博していた。勧進相撲はエンタテインメント性、アトラクション性重視の見世物興行だったから、児童の巨漢力士が土俵に上がっても不思議はない。この時期の相撲絵は勝川派の独壇場だったが、蔦重は新たなジャンルを模索したかったのか、写楽に絵筆をとらせた。

嫌われた蔦重-写楽プロジェクト

第四期は写楽の絵師活動の掉尾となった。

画題は寛政七（一七九五）年正月の都座公演「江戸《えど》砂子慶曾我《すなごきちれいそが》」「同二番目」と桐座「再魁罧曾我《にどのかけかついろそが》」の細判役者絵、さらには大童山をフィーチャーした相撲絵二点、平維茂《これもち》と鬼女の信州戸隠伝説に取材した武者絵、恵比寿を描いた縁起物がそれぞれ一点となっている。

さすがに写楽の絵筆の運びは息切れの感が拭えない。闊達な筆運びができなくなり、画は単調で躍動感に乏しい。このことは蔦重の側にも顕著だ。蔦重は開板のたびに落ちる売り上げだけでなく、世評が芳しくないことに苦慮の連続だったろう。

多くの美術評論家、歌舞伎評論家は第四期作品を酷評する。とりわけ「江戸砂子慶曾我二番目」の演目「五大力恋緘《ごだいりきこいのふうじめ》」は槍玉にあがってきた。なぜなら、この狂言のこの場面に欠かせない瀬川菊之丞と片岡仁左衛門が描かれていないからだ。蔦重-写楽プロジェクトでは第一期でも、本来なら役者絵のモデルにならない（開板しても売れそうにない）役者を取り上げている。その伝でいえば今回も蔦重と写楽のアマノジャクぶりが発揮された、あるいは奇策と受け取ることもできよう。

だが、第二期以降は芝居のシーンをすくいとることに路線変更した蔦重-写楽プロジェクトに

『三代目沢村宗十郎の孔雀三郎なり平』

とって「五大力恋緘」の人選のちぐはぐさは芝居ファンにとっては論外のものだった。

歌舞伎通たちの憤慨には背景がある。

寛政六年、都座は起死回生のため上方の大物立作家並木五瓶を招いた。そのために尽力したのが当代一の役者、沢村宗十郎だった。蔦重‐写楽も宗十郎を大首絵にしている。

宗十郎は若かりし頃からたびたび上方へ上り、京で三代目宗十郎を襲名し京と大坂で役者の実力を磨いた。その時の盟友が名脚本家の五瓶だ。

宗十郎は江戸に下っても大輪の花を咲かせた。彼は江戸歌舞伎の興隆のため、肝胆相照らす五瓶を招聘する。五瓶の江戸下り第一弾たる寛政六年十一月の顔見世興行は不評だったものの、翌年の新春興行では「五大力恋緘」で面目躍如、起死回生の大当りを取っている。

この芝居を描くなら主役の宗十郎はもちろん、もうひとりの主役たる片岡仁左衛門、さらに瀬川菊之丞の画がないとファンは納得しない。それなのに蔦重‐写楽プロジェクトでは仁左衛門と女形の菊之丞をはずしてしまった。宗十郎以外は端役ばかり、画竜点睛を欠くとはこのことだ。かようなメンツではセールスに結びつくわけもなかろう。しかも写楽は舞台で仲居役の瀬川富三郎を芸者として描くというミス（あるいは不可解な解釈）を犯している。

やんぬるかな、人選への不満だけでなく、画のクオリティに関しても「舞台の雰囲気が伝わらない」「役者の表情が活きていない」「写楽の作品として最低」などなど不評が目立つ。

それにしても、これまで何度も描いてきた菊之丞が消えているのはなぜか。いや菊之丞だけでなく、河原崎座に出演していた女形の岩井半四郎も外れている。その理由として考えられるのが、第三期までの似顔絵に対する菊之丞や半四郎の大きな不満だ。リアリティ重視の似顔絵では「営業妨害」というわけだ。きれいごとを受け付けない写楽。それを善しとする（あるいは放置した）蔦重への対抗措置が写楽のモデルになることの拒否となって結実した――。女形たちにとって蔦重－写楽プロジェクトは忌むべき存在だったともいえそうだ。「真を画かんとて、あらぬさまにかきなせしかば」写楽はスポイルされてしまった。

とはいえ、第四期には異色作もある。

武者絵『紅葉狩り』は維茂と鬼女のどちらも表情、所作とも迫力たっぷり。『恵比寿』はにこやかな顔つき、大鯛の一匹を抱いて残りの二匹が魚籠から頭を覗かせている構図は縁起物としてなかなかの出来だと思う。

ただ、両作とも写楽らしさというか、独自のタッチとは異なる表現、描写を感じてしまう。こう、何というのか……写楽の持ち味でもある画力の稚拙さゆえの異彩ではなく、プロの絵筆ならではの巧緻さが全面にみなぎっている。仮に北斎に同じテーマを与えたら、こんな画を描くのではないかというダイナミズムやユーモア。それほど画が達者すぎるのだ。

後で少し触れるが、第三期以降の写楽画の一部が他の絵師の筆になるのではないか、という説も頭をよぎる。

写楽の功罪と評価

写楽は浮世絵を扱う全集、美術館や博物館の浮世絵展で絶対に欠かせない。

だが、それは第一期の大首絵がメイン。第二期はかろうじて数点、三期と四期は顧みられることさえ少ない。これが写楽の通算四期にわたる活動に対する現代の評価になっている。

寛政期においてもマーケットの反応が悪いうえ、前述したように役者たちからもそっぽを向かれたとなれば、いくら蔦重が営業面で奮闘しても蔦重－写楽プロジェクトの未来に光明はみえない。結果として写楽は第四期をもって絵筆を折る。それが蔦重の決断でもあった。


蔦重にとって写楽の役者絵の「罪」は、大きな話題を呼んだ割には大ヒットに至らなかったこと、これに尽きる。蔦重は安永から天明、寛政初期にかけてトレンドを的確に把握し、江戸の民の支持を得てきた。しかし写楽では目論見が外れてしまった。本屋稼業における数少ない失敗といっていいだろう。

ライバルの本屋たちにとっては謎の絵師ということだけでなく、二十八枚一挙デビューという破格のプロモーションは脅威に他ならなかった。だが、黒雲母摺りの豪華なシリーズを手にしたとき、ある種の安堵感が広がったはずだ。

「凄い画には違いない。でも、こんな役者絵が売れるわけはない」

写楽の画は顔と手のバランスがめちゃくちゃ——蔦屋耕書堂の店先に並ぶ役者絵をみて客たちだって当惑したし苦笑を漏らしただろう。

しかし、写楽が釣り合いを壊したのはデッサンだけではない。浮世絵は対象を美しく、上手に仕上げるという常識まで見事に壊してしまった。

蔦重はその意味で写楽をして、見事に世の中を引っくり返したことになる。これがイノベーターとしての蔦重にとっての写楽の「功」といえようか。

とはいえ、そんなアヴァンギャルドな画を、あまねく江戸の民に受け入れてもらうのは不可能だ。大衆は感度の高い芸術家ではない。写楽の画に異様な迫力を感じたとしても、底に潜む名もなき絵師の情念まで享受しようとはしなかった。というより、できなかった。

これは批判すべきものではなく、マーケットの素直な反応だった。

役者の容貌の欠点を忖度抜きに活写し、年齢的な衰退まで具現化した画をファンは求めていない。モデルとなった役者たちからも不評だった。写楽の神髄は、あくまでも一部の好事家、ディレッタントにしか理解できなかったということだろう。

実は、寛政時代に役者絵の開板数が増加したという研究がある。写楽も相応の話題を呼んだわけだし、役者絵ブームへの寄与は否定できない。しかしながら、やはり江戸の民が選んだのは写楽ではなく豊国の役者絵だった。ライバルの本屋たちの指摘は的を射ていたわけだ。

そして去る者日々に疎し、やがて写楽の名は忘れ去られてしまった。

蔦重の「読み間違い」

蔦重の「読み間違い」は他にもある。

蔦重の黄金期は天明から寛政初期、彼が開板した戯作や狂歌、それらの挿絵に浮世絵は時代のムードをリードした。それは豪奢、華美、鷹揚、洒脱、洒落、軽妙、諧謔、滑稽、粋、通、張り、穿ちといったキーワード群で括られる。

蔦重が広く深く交わった江戸のクリエイターたちはこぞって知的な市民階級でもあった。

蔦重は武家と町人の垣根を飛び越え「階層的汽水域」といえる共存の場を構築した。蔦重グループには大藩の江戸留守居役や医者がいて、旅籠、煙草屋に汁粉屋、油屋、遊郭などなどの経営者が顔を揃えている。面々は平賀源内いうところの「戯家《たわけ》の同士」に他ならない。

江戸の民はそんな彼らをおもしろがるだけでなく、憧れたり羨んだりした。

しかし、戯家の同士が本当のアホやバカであるはずはない。彼らは粋や通、張りといった美意識をもち、洗練されたセンスと自らを戯家といえるだけの韜晦を心得た「文化人」だった。社会的にみてもゆとりのある階層であり、吉原での豪遊を享受できる精神と経済の両方の基盤をもっていた。

戯家の同士は裏長屋に住まう「熊さん、八っつぁん」ではなかったのだ。

それでも蔦重の凄いところは、熊さんや八っつぁんどころか彼らの女房まで巻き込み、掌のうえで転がしたところにあった。江戸の大衆まで戯家の同士を気取って野暮や無粋を嫌い、どことなく浮かれた調子に染まった。

蔦重の黄金期は田沼意次に象徴されるバブリーな世相と表裏一体だった。ところが松平定信が寛政の改革を実施したことで世の中は大きく変動していく。蔦重はそこの「見極め」を誤った――私にはそう思えてならない。

天明期には自然災害や飢饉が起こり、一揆に打ち毀しなどが頻発した。江戸と大坂でもすさまじい「天明の打ち毀し」が勃発している。疲弊した地方の民が江戸へ多量に流入し都市貧困層を形成、彼らの日常は米価の高騰と銭相場の下落で著しく圧迫された。

定信の改革は田沼政治の全否定に他ならない。それは蔦重の領域にも及び、彼はいかにも彼らしい方法で改革に反抗し反骨ぶりをみせつけた。この点は蔦重の面目躍如、拍手を送りたい。

だが、江戸の民の嗜好と志向がおもむろに変化していったことを見逃してはいけない。

寛政の改革は窮屈で融通が利かずダメダメづくしだったものの、庶民たちは意外にもそんな生活に順応していく。時代の空気はもう「アンチバブリー＝アンチ戯家の同士」のフェイズに突入していたのだ。

その好例として、天明文化のアイコンともいえる山東京伝ですら、寛政二（一七九〇）年には心学ブームをあてこんで教訓色の濃い黄表紙『心学早染艸《しんがくはやそめぐさ》』を発刊している。京伝は、人の心の

逆輸入された評価

『心学早染艸』。東京都立中央図書館加賀文庫蔵

二面性を善と悪で表現した。今の世にもいう「善玉と悪玉」のルーツはこの本にある。ところがこの本を開板したのは蔦重ではなく、通油町にほど近い大伝馬町に本屋を構える大和田安兵衛だった。

京伝は翌年にも『世上洒落見絵図《よのなかしゃれけんのえず》』で、従来の作風を改めてみせた。作中に登場する京伝はいつもの調子で黄表紙を書こうとする。そこへ天帝が現れ直々に「洒落のとどのつまりを見せんため来た」と告げる。京伝は天帝から、洒落てばかりいると曝《しゃ》れ朽ちると警告される羽目に——ほかならぬ京伝が戯家の同士の時代が陰りゆくことを示している。

この黄表紙の版元は蔦重。蔦重は草稿を読んだ際に京伝の想いを感じとれなかったのか？　あるいは、京伝と時代の変化を語りあうことがなかったのだろうか。それとも、京伝ならではの洒落、諧謔、韜晦と受け取ってしまったのか。まさか、歌麿の美人大首絵に大わらわで京伝のメッセージを看過してしまったというわけではなかろうが……。

寛政の世は一七八九年一月二十五日に始まり一八〇一年二月五日に終わった。

享和の三年間を挟んで一八〇四年二月十一日から年号は文化となる。

文化時代、江戸のカルチャーを動かしたのはそれ以前のような知的文化人ではなく、中下層の町人だった。とはいえ寛政期にカルチャーの大衆化の芽は吹き出ていた。役者絵でいえば豊国がウケたのはその流れの中にある。前述したように豊国は江戸の民のリクエストを心得て、写楽のように「あらぬさま」を描かなかった。ちゃんと女形は美人に仕立てたのだ。

もし、戯家の同士の時代に写楽の画が開板されていたら。南畝や恋川春町、朋誠堂喜三二、京伝も洒落っ気を発揮して絶賛したかもしれない。写楽の放つ魅力はそういう種類のものだ。

そんな中、本章の冒頭に記した南畝の写楽評は的確というしかない。

滑稽本『浮世風呂』『浮世床』などで一世を風靡した式亭三馬は、享和二（一八〇二）年開板の黄表紙『稗史億説年代記《くさぞうしこじつけねんだいき》』に彼の画による「倭画巧名尽《やまとえしのなづくし》」を掲載している。これは浮世絵師を地図に仮託して評するもので、三馬は、写楽をどこにも属さない独立した島と位置づけた。

南畝の『浮世絵類考』を文化末期に写して補筆した加藤曳尾庵《かとうえいびあん》も「筆力雅趣ありて賞すべし」と記している。だが何度も書いたように、江戸の民が下したジャッジは結果として「ノー」だったのだ。

とはいえ、現代の私たちも江戸の民のセンスを嗤うわけにはいかない。

写楽の再評価がなされるのは、日本人ではなく欧米人によってだ。

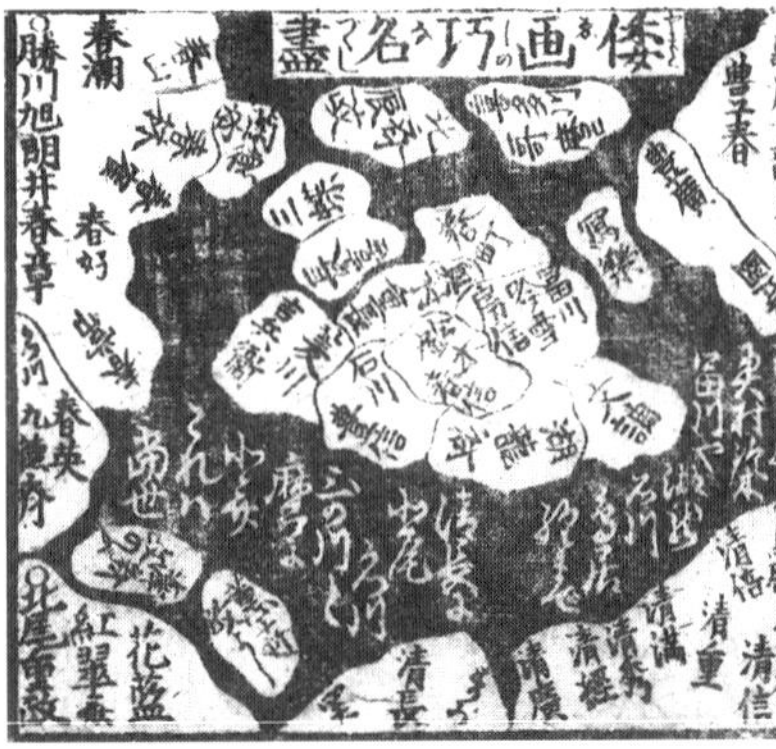

『稗史億説年代記』。東京都立中央図書館蔵

まず、アメリカの東洋美術史家アーネスト・フェノロサ（一八五三〜一九〇八）が端緒を開く。彼は明治十一（一八七八）年に招聘された明治政府のお雇い外国人で、日本美術の再発見と振興、東京美術学校の創立などに大きく寄与した。岡倉天心や坪内逍遥らもフェノロサに強い感化を受けている。

フェノロサは明治二十九年、ニューヨークで開催された〝世界初〟の浮世絵展覧会で監修と目録作成を担当、世界的な浮世絵評価への道をつけた。二年後、フェノロサは画商で浮世絵蒐集家の小林文七（一八六一〜一九二三）が上野で主催した浮世絵展のためにも目録を制作する。

そこには二百四十一点の浮世絵が出品され、写楽の役者絵も一点あった（画題は不明）。

フェノロサの写楽評を抜粋しよう。

「第百九十一番　写楽板物　演劇図　一面　寛政六年頃

写楽は寛政間に出でたる荒怪なる天才なり。其人物は醜陋なるを甚しければ、必ずやただ少数の感動を惹きしなるべく、米国の蒐集家は之を嫌忌すと雖も、仏国の某々蒐集家は写楽を頌して浮世絵最大家の一人と為すに躊躇せず。写楽の作は醜陋を神とし祭れるにて、従て又衰頽中最も衰頽せるものなり」

アメリカ人の浮世絵ファンには不評だが、フランス人は多少グロテスクでも最大級の賛辞を送っているという記述は興味深い。

フェノロサに次いで写楽に着目し書物を発刊したのはドイツ人美術研究家ユリウス・クルトだった。クルトは『Ｓｈａｒａｋｕ』を著し写楽を激賞した。すでにフランスでの評価は高かった写楽だが、クルトのおかげでヨーロッパ中に名を広める。歌麿、北斎に続く浮世絵師としての存在感は高まり、その名声が日本に逆輸入された。実に写楽デビューから百十六年後の明治四十三年のことだ。

以降、日本でも写楽は今日に至る評価を確立していく。ちゃっかりしたもので写楽の贋作まで多数出回るようになった。

草葉の陰で蔦重はどんな顔をしているだろう。

写楽の正体

東洲斎写楽の正体は誰なのか。

現在のところ、彼が「斎藤十郎兵衛」で「八丁堀に住んだ」「阿波藩お抱えの能役者」という説は揺るぎそうにない。これは本章の冒頭で紹介した南畝の『浮世絵類考』を根拠としている。

写楽再発見に寄与したクルトがテキストとして重用したのも『浮世絵類考』を補完するために加筆した『増補・浮世絵類考』だった。これは『浮世絵類考』に笹屋新七、京伝、曳尾庵、三馬、無名翁こと浮世絵師の渓斎英泉を経て、斎藤月岑《げっしん》らが追補していった資料だ。書き足された順については『写楽』（中野三敏／中公新書）に詳しいので列記する。南畝の原本は寛政二（一七九〇）年頃の執筆。寛政十年頃、新七により「絵師の師承系譜」が追加され、京伝は享和二（一八〇二）年、曳尾庵が文化十二（一八一五）年、文政四（一八二一）年の三馬ときて英泉も天保四（一八三三）年に追考を補した。その次が月岑の天保十五年の補記。

さらに文化十四年生まれで明治元（一八六八）年まで存命していた書籍商の達磨屋五一が所蔵していた本にも書き入れが残っている。

留意点として、南畝を含めた歴代の著者による『浮世絵類考』が版本ではなく、すべて手書きの写本だということも思い出していただきたい。

南畝は『浮世絵類考』の初作で、写楽について本章に前掲した全文以外のことを記載しなかった。曳尾庵も写楽のプロフィールに触れていない。最初に写楽の住まいについて記述したのは三馬だ。

「三馬 按《あんずるに》、写楽号東周斎、江戸八丁堀ニ住ス、半年余行ハル、ノミ」

次いで月岑が『増補・浮世絵類考』で写楽の本名にまで踏み込む。

「天明寛政年中の人　俗称斎藤十郎兵衛、居、江戸八丁堀に住す、阿波侯の能役者也――廻りに雲母を摺たるもの多し」

月岑は江戸後期の地誌として有名な『江戸名所図会』や歌舞音曲に関する『声曲類纂』といっ

た一級の資料を書き残した人物。それだけに「斎藤十郎兵衛」で「八丁堀に住んだ」「阿波藩お抱えの能役者」の信憑性は高い。

さらに五一本の書き入れも紹介しよう。

「写楽は阿州侯の士にて、俗称を斎藤十郎兵衛といふよし、栄松斎長喜老人の話なり、周一作洲（周ハ一ニ洲ニ作ル）」

文末の「周一作洲（周ハ一ニ洲ニ作ル）」は、三馬本の「東周斎」の「周」が「洲」の誤りだとする書き入れだ。

ここに名の出た栄松斎長喜《えいしょうさいちょうき》は歌麿と同じ鳥山石燕門下の浮世絵師。天明から文化前期に活躍した。蔦屋耕書堂では、絶版処分を受けた唐来参和の『天下一面鏡梅鉢』の挿絵を担当したほか、遊女や仲居などをモデルとした美人画、富本正本などの挿画も手掛けている。そんな長喜だけに、蔦重あるいは耕書堂関係者から写楽の正体を聞かされていた可能性は低くあるまい。

ただ、その後「写楽は誰か？」に関して日本人はほとんど関心を払っていない。

だが、国内で写楽再発見、再評価が進むと再びこのテーマがクローズアップされ「写楽＝斎藤十郎兵衛」説の裏付け調査の様相を呈した。以下、その系譜を列記しよう。

人類学者として名高い鳥居龍蔵は、昭和初年に阿波藩お抱えの喜多流能楽師でワキ方の斎藤十郎兵衛が実在したことを突き止めている。さらに昭和三十一（一九五六）年に染織書誌学研究家の後藤捷一が阿波藩文書に「御役者、五人扶持判金弐枚、斎藤十郎兵衛」の記述を発見した。鳥居、後藤とも徳島出身ということを附記しておく。

時代が少し下がって昭和五十二年、中野三敏が『諸家人名江戸方角分』の八丁堀の項目に浮世絵師を示す記号とともに「号写楽斎　地蔵橋」とあることを調査、公表した。『諸家人名江戸方角分』は文政元（一八一八）年までに筆書されたと推定される写本で、浮世絵師をはじめ江戸の文人たちを住所、地域によって分類した人名録。

奥付には「此書歌舞伎役者瀬川富三郎所著也」「文政元年七月五日竹本氏写来　七十翁蜀山」とある。瀬川富三郎が記した手書きのものを、竹本某が写して、七十歳だった南畝のもとへ持参したという来歴になっている。富三郎の名は蔦重‐写楽プロジェクトでお馴染みだが、役者絵のモデルになったのは二代目。写本にかかわっているのは三代目富三郎だ。

さらに蜀山の名も見逃せない。蜀山とは南畝のこと、狂歌ブームの終焉と寛政の改革の締め付けで蔦重ファミリーから身を引いた彼だが……蔦重と南畝の因縁も浅からぬものがある。

ただ、三代目富三郎は「斎藤十郎兵衛」の名と「阿波藩の能役者」の役職を明記しなかった。

写楽研究の進捗

昭和五十六（一九八一）年、浮世絵研究家の内田千鶴子がさらに斎藤十郎兵衛の身元を調べ上げ、彼の実在を確固たるものにした。文化七（一八一〇）年刊行の『猿楽分限帳』と『重修猿楽伝記』に斎藤十郎兵衛に関する記載を見出したのは彼女の功績だ。内田には『評伝能役者斎藤十郎兵衛』（緑の笛豆本の会）を筆頭に『写楽・考』（三一書房）、『写楽を追え』（イースト・プレス）など『写楽＝斎藤十郎兵衛』を追究した著作がある。
平成九（一九九七）年には、埼玉県越谷市にある浄土真宗本願寺派今日山法光寺の過去帳に斎藤十郎兵衛の記録が残されていることが判明した。調査したのは特定非営利活動法人「写楽の会」のメンバー。法光寺は江戸時代には築地にあり平成五年に当地へ移転している。過去帳には「八町堀地蔵橋　阿州殿御内　斎藤十良兵衛事」が「辰（文政三年／一八二〇）三月七日」に「五十八歳」で没したことが記されている。


斎藤十郎兵衛が写楽であることを隠し通そうとした理由については、当時の浮世絵師の社会的立場、歌舞伎役者をモデルにした事々との関係で説明されている。

十郎兵衛は能役者でありながら阿波藩の下級士分に取り立てられていた。そういう身分の者が、寛政の改革で厳しい規制の対象となっている浮世絵、さらには幕府から眼をつけられている蔦重と深い関係にあるとは公表しづらいことだった。

浮世絵師が「画工」と職人扱いされ、琳派や狩野派、土佐派など幕府、朝廷御用達のオーセンティックな御用絵師とは区別されていたこともある。版画を量産する浮世絵師は、肉筆画に専心する御用絵師より格下にみられていた。

これらの事由が交錯し、十郎兵衛当人はもちろん、蔦重も写楽の正体については頑なに口をつぐんだのは想像に難くない。前記の『諸家人名江戸方角分』で三代目富三郎が「斎藤十郎兵衛」「阿波藩の能役者」に触れなかったのも同じ理由からの、写楽＝十郎兵衛に対する配慮だろう。

写楽の活動期間の短さについては、内田が能役者としての活動が約一年ごとの交代制だったことを指摘している。阿波藩の能役者は舞台に上がらない期間、割と自由な行動が許容されていたようだ。蔦重はそれを見込んで写楽に浮世絵を描かせたということになる。

もし写楽の画が大ヒット、未曾有のセールスを記録していれば蔦重は黙っていなかっただろう。一年の活動休止を経て再び写楽に絵筆を持たせたはず――でも、それは果たせぬ夢だった。

世間は写楽より初代歌川豊国の役者絵を支持したし、蔦重も寛政八（一七九六）年の秋頃から持病が悪化、本屋としての活動をペースダウンせざるを得なかった。

百出する「写楽探し」

「写楽＝斎藤十郎兵衛」説は決定打と思われるのだが、それでも異を唱える声が百出している。

阿波藩の能楽師に代わって、豊国や歌舞妓堂艶鏡、北斎、歌麿らの浮世絵師、司馬江漢に谷文晁、円山応挙らの絵師、洋風画家の土井有隣たちが写楽の正体に擬せられてきた。蔦重と密接な関係にあったうえ絵師としても卓越した京伝、器用に挿画をこなした十返舎一九も然り。他にも歌舞伎役者の中村此蔵が候補にあがっているし、他ならぬ蔦重までが取り沙汰されている。

梅原猛は「梅原日本学」というべき知の大地を切り開いた巨人だが、彼は『写楽　仮名の悲劇』（新潮社）で写楽を豊国とした。歌舞伎研究家で批評家の渡辺保は『東洲斎写楽』（講談社）で芝居作者篠田金治とする。この二冊は写楽の正体探訪という面だけでなく時代背景や芝居の世界の実情を知る一助ともなろう。

もっとも写楽探しが諸説紛々なのは、知的なエンタテインメントとして写楽の謎と神秘性を愉しむという趣向ゆえ、というわけにもいかない。例えば、月岑の記した「写楽の本名」「住まい」「職業」が写楽活動期から半世紀も後のことだから信憑性に欠ける、という指摘がある。資料が版本ではなく手書きの写本ゆえ改竄の可能性が否めないとの声も根強い。確かに江戸期の資料には疑義を差し挟むだけの弱点がある。

斎藤十郎兵衛が自分は写楽だと明言している文献はどこにもない――というのにも一理はあろう（かといって、写楽に擬せられた豊国以下の面々も己が写楽だと吐露はしていない）。

さらには「写楽複数人説」もある。

『蔦屋重三郎』を書いた松木寛は同書および『浮世絵八華4　写楽』（平凡社）収録の「写楽の謎と鍵」で、写楽第一期から第二期、第三期の細判作品と第三期の間判大首絵の間には「人物と画面の大きさの比率、眼や眉の描き方など、細かな部分での相違点」があり、「まさしく〝似て非なる〟と表現すべきほどの、本質的なズレがはっきりと認められる」と指摘した。

松木は加えて「〝耳〟」の描き方が「浮世絵師の『個性的形態本能』の産物」と主張、「第一期から第四期までの役者絵では、二、三の例外を除いて全く同一描法で耳を描いているのが確かめられる」との見解を示した。

しかし松木が問題視するのは「第三期の間判大首絵の耳の場合」で、「間判大首絵だけがこの例から外れている」とする。これらには三代目沢村宗十郎、二代目中村仲蔵、二代目坂東三津五郎、三代目瀬川菊之丞、二代目嵐龍蔵などの似顔絵が該当しよう。

さらに彼は相撲絵も俎上に載せた。三枚続きの『大童山の土俵入り』と『大童山文五郎の碁盤上げ』をはじめとする他の相撲絵では耳の描法が異なっている。そればかりか後者の相撲絵の耳は第三期の間判大首絵と「全く同じ手口で描かれている」と断じた。

松木の結論はこうだ。

「第三期の間判大首絵と三種類の相撲絵は、写楽の真作ではなかったのである」

だが、「間判大首絵は後世に作られた偽物ではない」、つまり蔦屋耕書堂が開板した作品に「間違いない」。

蔦重が開板した写楽の画には、写楽当人だけでなく他の者の画も混じっていたということになる。この説に前記した写楽に擬せられた面々を重ねると——写楽をめぐる謎はますます深くなってくる。

蔦重との接点

とにかく「写楽」は本書の一章だけでは扱えきれない大きなテーマ。だからこそ、高名な研究家や作家が一冊をものしてきた。

もうひとつ「蔦重がどうやって写楽を見出したのか?」という疑問も残る。

この点でも数多くの作家や研究者が諸説を展開しているわけだが——。

自著で恐縮だが、私は『稀代の本屋　蔦屋重三郎』において、蔦重が「世にうずもれた偉才をみつけだしたい」と役者似顔絵を募る、という虚構を考えた。そのなかに喜多流能楽師ワキ方の「おどろおどろしいまでの描写、粗野な線の運び。対象人物がもっとも嫌がるものの、いちばんその御仁らしい特徴を容赦なくついている」一枚の絵をみつけたという設定だ。もとより寛政期に公募の浮世絵コンテストがあるわけがない。あくまで小説の世界の「戯家《たわけ》」とご理解いただきたい。ただ、蔦重が写楽を登用したのには「例のない筆づかいだからこそ蔦屋で描いてもらう」という想いがあったからこそ。「既存の絵師ではない人物」に絵筆を持たせれば江戸中の話題を呼ぶことも自明のこと。それをなさしめたのは、蔦重の「無名画工の絵心を磨き、世に広めるのが本屋の手腕」という自負と実績に他ならない。

公募やオーディション案はさておき、蔦重が奇跡的に写楽と出くわしたというのは、「ある」とも「ない」とも判断が難しい。

蔦重の広範な文人ネットワークの片隅に写楽がいた、あるいはメンバーからの紹介というのは否定できない。だがそのことを肯定しようにも、例えばいくつもあった狂歌連に斎藤十郎兵衛がいたという事実は今のところ実証されていない。

とはいえ蔦重のネットワークに能楽や狂言関係者がいないというのも考えにくい。現に戯作者の芝全交は水戸藩出仕の狂言師の養子だ。全交は天明五（一七八五）年に蔦屋耕書堂から『大悲《だいひの》千禄本《せんろっぽん》』の大ヒットを飛ばしている。

もっとも狂言師というキーワードだけで阿波藩の能楽師に繋げるのは無理筋というものだろう。

浅学かつ寡聞にして、写楽関連の書籍や資料をすべて読破できていない私としては、過去のみならず今後も登場するかもしれない新説を含め諸氏の推察に敬意を払うしかない。

「蔦重と写楽」総括

いずれにせよ、蔦重にとって写楽登用は最後の大勝負となった。

吉原細見、黄表紙や絵入狂歌本、美人画に続いて役者絵を制覇すれば江戸のカウンターカルチャー界を掌中に収めることに等しい。ところが蔦重はエースたる歌麿との蜜月関係に亀裂が入り彼を登用できないという状況にあった。役者絵開板を企図するにあたり、ライバル書肆と豊国とのタッグを横目にみながら人材発掘に奔走する。その間に勝川春朗（北斎）や春英らが候補にあがったものの、蔦重は首を縦にふらなかった。

蔦重が己の構築した文人墨客ネットワークを活用したと考えるのは妥当な線だろう。

やがて蔦重は斎藤十郎兵衛という八丁堀に住まう阿波藩の能楽師と出逢う。そして彼の画才に懸けた。ところが十郎兵衛は絵師として素人同然だった。それでも蔦重は彼を登用する。蔦重は自他ともに認める浮世絵や戯作の目利き、彼が写楽の画才に惚れた事実は大きな意味を持つ。

蔦重は彼を東洲斎写楽と命名する。そして、蔦重の慧眼は健在だった。

蔦重は写楽の役者大首絵でまたしても江戸を引っくり返してみせた。

だが、写楽は極めて短期間で姿を消してしまう。そこにはセールスや世評だけでなく、写楽＝

斎藤十郎兵衛が能楽師でありながら士分であったということ、さらには寛政の改革の厳しい締め付けという世情が絡まっている。侍が歌舞伎や役者絵に深くかかずらうのは忌避されるべきことだった。また短期間の活動に関しては、十郎兵衛が写楽としての活動期に、一年ごとに巡ってくるサバティカル休暇を充当させたという考証がなされている。

これら諸事情に加え、写楽自身のポテンシャルの低下は蔦重の想定を上回るものだった。特にその傾向は第三期以降に顕著となった。苦慮のあまり、写楽以外の絵師に助けを借りた可能性さえ指摘されている。さらに蔦重は追善絵や武者絵、相撲絵と役者絵以外の方向性も模索した。しかし、蔦重が捨て鉢になったとは考えたくない。かつて数々の有為の人材に最適な仕事を割り振ったのと同じテンションで写楽に接していたと信じたい。

蔦重にとって、写楽の役者絵は最後の壮大なロマンだった。蔦重の放った役者絵に江戸の民が群がることはなかったけれど、星霜を経た後に写楽は欧米で再発見され、その高い評価が日本に逆輸入された。現代に四大浮世絵師と評される歌麿、写楽、北斎に歌川（安藤）広重のうち、蔦重は実に三人と関わっている（蔦重の没年と広重の誕生は同年なので交わりようがない）。

文化創造者としての蔦重の存在はやはり賞賛に値しよう。

第八章　戯家の時代を駆け抜けて

蔦重にとって寛政七（一七九五）年以降は晩年期にあたる。

写楽を世に送り出した後、四十六歳になった蔦重は本屋として何を企図し、どんな夢を追いかけようとしたのか――。

十返舎一九

蔦重をめぐる文学史的なトピックとしては、十返舎一九が蔦屋耕書堂の家僕となったことを語らなければいけない。寛政六年秋のことだ。前年の寛政五年、同じく耕書堂で二年間働いていた曲亭馬琴が、執筆に専念するため履物商に婿入りして耕書堂を辞した後釜ということになる。

一九は明和二（一七六五）年に下級武士の子として駿河で生まれたとされている。蔦重より十五歳若い。本名は重田《しげた》貞一《さだかつ》、通名は与七や幾五郎だった。江戸で武家奉公をして天明三（一七八三）年には大坂へ上り大坂町奉行の配下となったという。

一九が文才を発揮したのは二十五歳、寛政元年のこと。人形浄瑠璃『木下蔭狭間《このしたかげはざま》合戦《がっせん》』の脚本を近松余七の名で若竹笛躬《わかたけふえみ》、二代目並木千柳《なみきせんりゅう》らと合作した。千柳は名の通った立作者、笛躬も一目置かれる作者だ。両先輩に伍したのだから、若かりし頃の一九も侮れない。ただ、近松姓を名乗っているが近松門左衛門と一九に師弟関係はない。

『木下蔭狭間合戦』は大坂の道頓堀、大西芝居豊竹此吉座で初演され、江戸時代どころか明治にはいっても度々上演されたヒット作だった。

本作は太閤記に材をとっており、足利管領の三吉長慶（三好長慶）と美濃の斎藤道三が足利家転覆を画策するのを、尾張の小田春永（織田信長）が防ぐという筋立て。そこに竹中官兵衛（竹中半兵衛）や斎藤義龍、此下当吉（木下藤吉郎）、石川五右衛門などなどが絡んでくる。

合作とはいえダイナミズムとフィクション性あふれる作品をモノしたことは、文人としての一九の初の勲章となった。

寛政六年、蔦重は江戸へ下ってきた一九と出逢う。

馬琴の時は京伝という信用のおける紹介者がいた。しかし一九の場合は経緯、紹介者とも不明だ。例によって江戸の文人墨客ネットワークの中に口添えしてくれた者がいたのか。

そもそも、なぜ一九が、本屋しかも蔦屋耕書堂で働こうという料簡を起こしたのか？　そこも気になる。

耕書堂で働きはじめた一九は、錦絵に使う奉書紙に絵具が滲むのを防ぐ礬砂《どうさ》（ミョウバンを溶いた水に膠を混ぜたもの）を引いていた。時期的には写楽の第二期あたりから、第三期、第四期の作品群にかかわっていたということになる。

一九が下働きというのは、馬琴に比べて格落ちというイメージがつきまとう。馬琴も家僕だったものの番頭あるいは手代とする資料が多いからだ。蔦重は人手不足解消のため、渡りに舟と一九を採用したのだろうか。しかも番頭ではなく下働き要員として。一九だって面談の際には大坂でヒットした浄瑠璃をアピールしたはずなのに。それが蔦重に認められれば、歌麿のように食客として悠々自適の毎日だったのかもしれない。

ただ、一九が後年に発表するユーモアとペーソスただよう作品を思うと、いかにも一九らしい処遇だったという感慨もわく。

ところが、一九はたちまち頭角をあらわす。しかも文才より先に画才を発揮した。

この男、けっこう器用に絵筆を操ったのだ。何と一九の蔦屋耕書堂デビューは、山東京伝が書いて寛政六年に刊行された『大入目青葉見物山時鳥 初役《はつやく》金《こがねの》烏帽《えぼ》子《し》魚《うお》』の挿絵だった。

どの挿絵も人物配置と背景がスカスカな感じが否めず、ヘタウマ具合でいうと狂歌師の頭光のタッチを彷彿させ、お世辞にも名手とはいえない。だが全編に漂う、どこかトボけた素朴な味わいは捨てがたい。蔦重が一九を起用したのは、この黄表紙が芝居を題材にしていたということもあろう。何しろ一九はもと浄瑠璃作者、芝居関係に精通していた。

いずれにせよ、蔦屋耕書堂のメンバーとなって早々にデビューを果たせたというのは、やはり蔦重が一九の才知を買っていたことになる。彼が写楽の代役に擬せられたのも、画才があればこそというわけだ。

一九がその名を江戸文化史に刻むのは、やはり享和二（一八〇二）年開板の『浮世道中膝栗毛』からだ。およそ粋や通とはほど遠い、しかし実に庶民的な弥次郎兵衛と喜多八の珍道中はベストセラーとなり、続編がなされ今日では『東海道中膝栗毛』として認知されている。

これを契機に彼は化政文化を代表する戯作者となった。

しかし一九の文、画にわたる才能を開花させるチャンスを与えたのが蔦重だった。

寛政七年、蔦重は一九に黄表紙『心学時計草』『奇妙頂礼胎錫杖《きみょうちょうらいこだねのしゃくじょう》』『新鋳小判𦗿《しんぶきこばんのみみたぶ》』の三冊を書かせた。これらは、そこそこのヒットを記録した。

同八年には『化物小遣帳』『化物年中行状記』『怪談筆始』と続く。全てで一九が画も担当しているから、さながらプチ京伝のような活躍ぶりだ。同年の黄表紙『昔語狐娶入《むかしがたりきつねのよめいり》』（誂々道景則文、北尾重政画）では前付、つまり序文を書いている。

一九は蔦屋耕書堂における山東京伝、唐来参和、馬琴らに続く書き手として台頭、とりわけ滑稽味、おかしみは世人の知るところとなった。画工としても北尾重政、北尾政美、歌川豊国、栄松斎長喜ら〝本職〟のポジションを窺うようになるのだから大したものだ。

さらに一九は文章の筆耕、版下書きもこなしたのだから便利極まりない存在だった。

何より天性の軽妙さは一九ならではの持ち味。蔦重はそれを愛すると同時に重用した。

原稿料支払いシステムの嚆矢が京伝なら、副業に頼らず純粋に原稿料だけで食べていけたのは一九と馬琴が最初だとされている。京伝は戯作一本の生活を好まず、煙草入れ屋を営んでいた。

いずれも蔦屋耕書堂の開板でないのが残念だが――一九は寛政十年の『十返舎戯作種本』、享和二年の『屈伸一九著《えいやっといっくがさく》』（屈伸を「えいやっと」と読ませるのが一九の真骨頂）さらに『的中地本問屋』などで一九が主人公という、喜三二や春町、京伝ばかりか蔦重も好んだ趣向を継承している。

それのみならず『的中地本問屋』では、この時代の執筆から彫り、摺り、丁合、製本、発売と一連の工程やそれぞれの仕事に関わる人たちの思惑を描いている。その、序文を記そう。

「商売は草の種本。書ども尽ぬ、浜の真砂の洒落次第、蹉跎《ふざけ》次第の出放題。金の生る木を彫《ほじく》って、小刀細工の銭攡《ぜにもうけ》は、作者の得手に嗜欲《ほまちもの》。趣向は書肆《ほんや》の金筥《かなばこ》に、山吹色の黄表紙と、一寸《ちょっくり》祝って筆を執る」

意訳すると――商売は草の種というように、草双紙もあれこれ様々いろんなアイディアが大事。書いても尽きない洒落、ふざけて出放題の趣向を、金の生る木の板木に彫りつければ彫師の稼ぎばかりか、戯作者の臨時収入にもなる。何より戯作の趣向がよろしければ、本屋の金箱には大判小判がザックザク、そうなりゃ黄金色の黄表紙はおめでたい、ちょっとばかりお祝いをしようと筆を執った。

まさにいい得て妙、蔦重と戯家の同士たちの交誼を彷彿させてくれる。蔦重がこの一九の序文を読むことができたら大いにうなずき、頬を緩めたことだろう。

蔦重にとって一九と馬琴の諸作は最後に手掛けたプロデュース作品となった。蔦重のことだけに、彼らの才能の活かしどころ、寛政後期に向けての戦略も練っていたはずだ。

しかし、蔦重はそのプロジェクトを実行に移すことができなかった。

書物問屋としての蔦重

一九が躍動を始める寛政七（一七九五）年の蔦屋耕書堂開板物リストを眺めていると、ちょっとした違和感を覚える。

吉原細見や黄表紙、狂歌集、富本正本という蔦重が深くかかわったジャンルに加えて、これまで蔦重の扱ってこなかった和学書や考証随筆がラインナップに加わっているからだ。それらは「書物」と呼ばれる本で神仏儒、古典、歌書、学問などのお堅い出版物をいう。これらは、蔦重が得意にする草紙、絵草紙、浮世絵などを扱う「地本問屋」とは別ルートの「書物問屋」を卸元として流通してきた。カジュアルでポップ、カウンターカルチャー色が濃い開板物と、アカデミックかつオーセンティックな書物は別個のものとして扱われていたわけだ。

蔦屋耕書堂のある通油町は日本橋界隈、そこには鶴屋喜右衛門、鱗形屋三左衛門、山形屋市郎兵衛、松会三四郎などの地本問屋だけでなく、須原屋茂兵衛や須原屋市兵衛、前川六左衛門といった書物問屋も店を構えていた。

蔦重が書物問屋の仲間入りを果たすのは寛政三年のこと。蔦重はこの年、例の洒落本発禁と身上半減の厳罰を喰らっている。蔦重はいろんな局面からビジネスと人生の転機を迎えていたわけだ。

蔦重が書物問屋に加わった理由は明確だった。

これまでも再三述べてきたように、その背景には寛政の改革というご時世が横たわっている。言論弾圧による「戯家の同士」たちの不振は隠しようもない。

蔦重が心血を注いできた彼らのていたらくは、耕書堂の開板物にダイレクトに反映されている。寛政三年は細見、黄表紙、洒落本、狂歌本の合計が十一、翌年にはさらに減って十。翻って、日の出の勢いだった寛政二年が二十一だから激減といってよかろう。

そして、風紀紊乱を許さず学問奨励を謳う政策は江戸庶民の好学志向に直結した。江戸の民は傑作、話題作が払底する草紙類より書物に眼を向けるようになっていく。

そんな傾向は江戸後期になってさまざまな形で顕著化した。

市井の顕学がひらいた私塾の興隆は町人や農民にも高度な教育を受けるチャンスをもたらした。武家や学者でなくても、昌平坂学問所や藩校に通わなくても学問ができる。シーボルトの鳴滝塾、吉田松陰の松下村塾、緒方洪庵の適塾、大塩平八郎の洗心洞塾……私塾がその後の日本の歴史に果たした役割がよくわかろう。

心学ブームもまた、庶民の「何かを学びたい」という気持ちを反映している。

心学は神仏儒の教えを平易にまとめ、当時の道徳教育の鑑となった。心学の祖は京の商家に勤めた石田梅岩《ばいがん》。独学ながら豊富な読書量に裏付けされた一流の教養人だった。梅岩は蔦重の生まれる六年前の延享元（一七四四）年に亡くなったが、後継者として手島堵庵、中沢道二、上河淇水、柴田鳩翁らが石門心学を広めていく。

江戸では中沢が「参前舎」を開設した。参前舎の設立は蔦重三十歳の安永八（一七七九）年、江戸に拠点を得たことで心学人気がじわじわと高まり寛政期に開花する。定信が石門心学に好意的だったとされ、そのことも心学人気を高める一因となった。

蔦重はこういう世情の推移を本屋ビジネスに反映してみせた。寛政中期、歌麿の美人画に力を込める一方で、戯作とはジャンルの異なる分野に手を伸ばしていたというのは「さすが」というか「したたか」というか「抜け目がない」というべきか。

いずれにせよ、書物への接近は改革の治世下における耕書堂経営の窮余の策でもあったのだろう。かくして、耕書堂の店頭には戯作や美人画、役者絵に交じりお堅い書物が並ぶことになった。

書物関係のラインナップで眼にとまるものといえば——まず寛政四年開板の加藤千蔭著『ゆきかいふり』が挙げられる。

この本は書道本で序文を村田春海が書いた。千蔭は国学者、歌人として高名なだけでなく、能筆家でもあり書道千蔭流をおこしており、本書もそれに由来する。千蔭と春海は国学の権威、賀茂真淵の高弟であり楫取魚彦《かとりなひこ》や加藤美樹らとともに「県門の四天王」と呼ばれていた。当時の国学、書道関係者にとっては垂涎の一冊といえよう。

ここで注目したいのは、蔦屋耕書堂と並んで京都の須原屋平左衛門、大坂の河内屋喜兵衛、名古屋の風月堂孫助らが開板者として名を連ねていることだ。いずれも書物関係では名のある本屋だけに、地本ジャンルの雄たる蔦重がいることの違和感は否めない。この年、蔦重は京伝の戯作を四冊上梓しており（馬琴が代筆した『実語教幼稚講釈』を含む）、そちらのほうが蔦重の仕事としてしっくりくるのは私だけだろうか。

蔦重は寛政六年に千蔭の師である賀茂真淵の『落久保物語』（校者は春海）の開板を公表している。本書は六月二十四日に検閲の改印をもらったものの同月晦日に清書本が焼失してしまった。そんな状況で何とか版下を制作したものの結局は開板できなかったようだ。タイトルからして十世紀末に成立した、落窪の姫が継母のいじめに耐えながらも貴公子と結ばれる『落窪物語』の注釈本だったと推察される。

寛政六年といえば写楽デビューの年。さらに写楽の正体たる斎藤十郎兵衛の住まいが春海の隣家という説もあることを追記しておこう。千蔭から春海というラインが蔦重と写楽を結び付ける何かのきっかけになったのかもしれない。

本居宣長に会いに伊勢へ

蔦重の書物ラインナップで最も注目すべきは本居宣長の著作が並んでいることだ。

本居宣長のことをここで長々と説明する必要はあるまい。宣長は契沖、荷田春満《かだのあずままろ》、真淵らの系譜を継ぎ、国学の大家として日本思想史に名を残す知の巨人だった。『源氏物語』を研究し「もののあはれ」の真髄を解き明かし、仏儒はじめ中国の思想を「漢意《からごころ》」として排斥。日本古来の思考、思念の拠り所として大和魂を提唱した。存命中に『古事記伝』をはじめ三十余編の著作を刊行している。

寛政七（一七九五）年、四十六歳の蔦重は江戸を出立し伊勢松坂を目指した。

蔦重の人生で記録に残っている旅はこれが二回目。最初は天明八（一七八八）年、日光東照宮と中禅寺参詣で、このときは他ならぬ京伝、さらにはライバルであり本屋仲間でもあった仙鶴堂こと鶴屋喜右衛門との道中だった。鬱蒼とした杉並木が続く日光街道を歩きながら、蔦重はかねて京伝、鶴屋と語り合っていた案件を詰めたと思われる。それは、飛ぶ鳥を落とす勢いの京伝に潤筆料を支払って囲い込もうという計画だった。鶴屋は戯作者京伝にとって初の大ヒット『御存商売物』の版元、そして蔦重と京伝の関係の深さときたら――京伝としては首を縦にふるしかなかっただろう。

蔦重二度目の長旅の目的地、伊勢には本居宣長がいる。

今回の道連れは不明、期間もわかっていない。仮に一九が同行しておれば、そのまま『東海道中膝栗毛』の原体験となろう。また妻が一緒だとすれば夫婦揃って伊勢参りもしただろうし、糟糠の妻に対する心づくしの旅ができたはず。

と、ここで少し道草を喰うが、蔦重に妻のあったことは確かだ。しかし、いつ祝言をあげたかはわからない。浄瑠璃の稽古本や寺子屋のテキスト、家庭用学習書を意味する往来物を扱う本屋の娘といわれているが……名前、年齢ともはっきりしていない。ただ蔦重夫婦に子はいなかった。

蔦重が本居宣長を訪問したのは書物関連書の強化を狙ってのことだった。

まごう事なき国学界のナンバー1の本が蔦屋耕書堂に並べばまことに心強い。

そんな蔦重の目論見は自明とはいえ、江戸でいちばんの地本問屋で戯家の同士の総元締めが、記紀から和歌、源氏物語と古典名作を縦横に論じる学者と相まみえる——これは江戸の本屋どころか上方でも大きな話題となったことだろう。

今なら「業界激震！」というくらいの大ニュースだ。

『玉勝間』と『手まくら』

果たして蔦重と宣長の会談は首尾よく進み、耕書堂から宣長の著作が売り出されることになった。ラインナップに加わった宣長作品は『玉勝間《たまがつま》』と『手まくら』だった。

宣長は『玉勝間』に、古学を探究した内容から和歌、有職故実、言語論、談話に聞き書き、抄録までバラエティに富んだ事々を記した。通巻すると千五段からなるこの本は、エッセイ色の強い百科全書という趣を呈している。

「言草のすずろにたまる玉がつまつみてこころを野べのすさびに」

『玉勝間』はこの和歌から始まる。意訳すれば「あれこれ言の葉が思いがけなくも貯まったので、麗しい籠に摘もう。そうすれば心を紛らわせることができ、野原での遊びもできよう」というところか。

寛政七（一七九五）年に蔦屋耕書堂の書棚に並んだ『玉勝間』は初篇で、全十四巻のうちの第一巻から三巻まで。「初若菜」「桜の落葉」「たちばな」の章に相当する。この三巻だけでも大安殿（大極殿）の由来から、大田南畝も狂歌に盛り込んだ紅葉の名所立田川のこと、漢意排斥の必要性、摺本と写本のメリットとデメリット、師や弟子にかかわる教育論などなど卓見が並ぶ。

もう一冊の『手まくら』は『手枕』の方が一般的な表記だ。

宣長にとって『源氏物語』は重要な研究テーマだった。その成果は後年の『源氏物語玉の小櫛』をはじめとする注釈書に結実する。そんな宣長ならでは、紫式部が『源氏物語』で描かなかった光源氏と六条御息所の出逢いを創作した小説が『手まくら』だ。しかも、そこは宣長、紫式部の言葉づかいや文体をていねいになぞって書きあげている。

かような趣向は蔦重も大好きなはず。ただ、残念なことに『手まくら』の刊行は寛政四年。もう少し早く蔦重と宣長が出逢っていたら――まずは蔦重からこの本の執筆を薦めたかもしれない。というより、意外に蔦重と宣長は、思いつくところが似ていたともいえそうだ。

それにしても蔦重はどんな顔をして宣長と接したのだろう。

当然、宣長の数ある著作にも眼を通していたはず。蔦重がどんな国学論を開陳したのか、『古今和歌集』や『源氏物語』についてひとくさり語ったか、興味は尽きない。あるいは博覧強記の宣長の話を楽しそうに拝聴していたか。

一方の宣長は蔦重より二十歳年長。江戸で評判の戯作界の覇者、別世界の住人との出逢いを満喫したのだろうか。あるいは宣長はすでに耕書堂の黄表紙やら狂歌を読んで笑いを浮かべ、歌麿の美人画に眼を細めていたか。江戸でいちばんの地本問屋の顔を拝むというのも、宣長にとっては一興だったのかもしれない。

宣長は大人《うし》と敬愛された碩徳の学者だった。しかし、彼について述べたいくつかの書籍を読めば、決して物分かりの悪い堅物ではなかったことがわかる。

蔦重にしても妙にへりくだったりせず、海千山千の戯作者や絵師たちを掌中で転がした人たらしの本領を遺憾なく発揮したのだろう。

「開板」ではなく「江戸売弘」

前記したとおり『手まくら』は初版から三年後の販売。オリジナルの版元は名古屋の大手書肆永楽屋東四郎、蔦重の役割は刊記に「江戸売弘」と書かれている。

『玉勝間』は「寛政六年甲寅十二月」と奥付にあるが、タイムラグがあり翌年に店頭を飾ったようだ。版元として、宣長の地元伊勢の伊豆田屋瀬三郎と柏屋兵助、さらに名古屋の藤屋儀助、藤屋吉兵衛らが記されている。蔦重は「板元売出」とあるが、鈴木俊幸の『蔦重出版書目』によれば実際は「江戸売弘書肆」とのこと。

売弘とはセールスと流通の拠点を意味する。つまり、蔦重は宣長のクリエイティブワークや開板、編集には関わっておらず、耕書堂が江戸での販売所として機能していたことになる。

だが、そうしたビジネス戦術は江戸、上方に次ぐ第三極の商圏、尾張名古屋との提携強化に繋がった。蔦重はかねてより永楽屋東四郎、風月堂孫助ら名古屋出版界の有力者との提携を模索してきた。風月堂が貞享四（一六八七）年には書店の看板を掲げていた老舗なら、永楽屋は寛政に入って躍進した書林で、こういうチョイス、バランス感覚にも蔦重の目配りが窺われよう。

蔦重は風月堂と早くも天明八（一七八八）年に南畝の『四方のあか』で協働し、寛政二（一七九〇）年宿屋飯盛の『通俗醒世恒言《つうぞくせいせいこうげん》』、さらに本章で触れた加藤千蔭の『ゆきかいふり』などで交誼を結んでいる。

寛政三年には、京伝の黄表紙開板ラッシュや洒落本摘発、歌麿が画を担当した絵入狂歌本を世に問う一方で、永楽屋と咄本『分笑奇判《ぶんしょうきはん》』を共同で開板している。寛政四年の俳諧本『つの文字』は永楽屋開板で蔦重が江戸売弘を担当。同五年の『釜斯幾《かましき》』は風月堂と永楽屋開板の仏書でこちらも蔦重が売弘だった。

そういったイントロダクションを経て、国学ひいては書物界の泰斗宣長の本を江戸で売ることができたというわけだ。

さすれば――宣長訪問も『玉勝間』の執筆の打合せというより、売弘にかこつけての表敬訪問と解釈をした方がよさそうだ。勇躍、伊勢に乗り込んだ蔦重が国学の大家と丁々発止、そして新作の構想もまとまる……こんなドラマチックな展開でなかったのは残念だが。

当然、伊勢松坂の旅の途中では名古屋の書肆を訪ね商談をしたはず。その意味において、この旅は上々のビジネス成果を得たとすべきであろう。

伊勢松坂から江戸に戻った蔦重はさっそく『玉勝間』を耕書堂の店頭に並べた。

一九もそれを手伝ったか。あるいは耕書堂の新鋭戯作者として黄表紙執筆と挿画で多忙、それどころではなかったか――。

ただ宣長の著作を加えても、蔦屋耕書堂の品揃えに世を揺るがすヒット作、話題作は乏しかった。この数年、書棚には京伝の『江戸生艶気樺焼《えどうまれうわきのかばやき》』を筆頭に春町、喜三二らの過去の作品の再摺書が目立つ。そこに売弘の書が加わるわけで、蔦重ならではの才気とオリジナリティを発揮した作物の少なさに歎息してしまう。まさか、写楽に毒気を抜かれてしまったわけでもなかろうが。

蔦重の飛ぶ鳥を落とす勢いに生じた翳り、それが濃くなってきた。

「江戸患い」で病臥

寛政八(一七九六)年の秋、蔦重は病の床に臥す。

この重大事は狂歌師だった宿屋飯盛こと石川雅望の「喜多川柯理墓碣銘」に刻されている。その病の正体を、今度は馬琴が『近世物之本江戸作者部類』で「脚気を患ひ」と記した。

脚気はビタミンB1不足による疾患で、初期に食欲不振や倦怠感があらわれる。病が進むと下半身の倦怠感に苛まれ、脚部の痺れ、むくみもひどくなる。そればかりか動悸、息切れ、感覚の麻痺なども併発し、重度になれば心不全になるという厄介な病気だ。

蔦重が名古屋から伊勢松坂を訪れたとき、もう初期症状に苦しんでいたのかもしれない。脚気は当時「江戸患い」とも称された。その所以は、江戸で白米食の習慣が広まり、玄米を食べなくなったせいで玄米胚芽に多いビタミンB1の摂取量が低下したというわけだ。

農林水産省のサイトに脚気に関する記事があり、「江戸患い」の興味深いエピソードを紹介している。

「江戸を訪れた地方の大名や武士に、足元がおぼつかなくなったり、寝込んでしまったりと、体調が悪くなることが多くなりました。そんな人たちも故郷に帰るとケロリと治ってしまうことが多かったため、この病は『江戸わずらい』と呼ばれました。当時の明確なデータはありませんが、亡くなる人も少なくなかったと思われます」

蔦重の食生活を垣間見ることは叶わない。だが蔦重は安永末期、天明を経て寛政初期、二十代後半から四十代前半まで、夜毎、戯家の同士たちと酒宴をはっていたことだろう。そこでは白米の飯はもちろん美酒も満喫したに違いない。こんな贅沢は庶民とは縁遠いもの。しかし、出費と浪費した時間は「粋」「通」という江戸の美意識の発露でもあった。

蔦重にとって江戸患いは職業病といえよう。

蔦重は己の健康を代償に幾多のヒット作、ベストセラーを生んだ——。

享年四十八

蔦重が亡くなったのは寛政九（一七九七）年五月六日だった。

「喜多川柯理墓碣銘」に刻まれた蔦重の臨終間際のエピソードが、いかにも彼らしい。

「吾亡期在午時　因処置家事訣別妻女　而至午時笑又曰　場上未撃柝何其晩也」

蔦重は「昼どきに私は死ぬだろう」といって蔦屋耕書堂はじめ諸事を処置し、妻女にも別れを告げた。しかし、彼の予告どおりに命は尽きなかった。蔦重は「人生の幕引きを知らせる拍子木はまだ鳴らないね」と笑った。このあたり、戯家の同士の元締めの真骨頂ではないか。

蔦重に死が訪れたのは同日夕刻のこと、享年四十八だった。

亡骸は山谷（浅草）の正法寺に葬られた。南畝は『会計私記』に「七日　帰路　会　耕書堂葬于山谷　正法寺」と認めている。おそらく彼だけでなく北尾重政や喜三二、京伝、歌麿に北斎、一九、馬琴たち、地本、書物問屋の主人も顔を揃えたはず。こうして会葬者を想像すれば、江戸の主だった文化人ばかりだ。

馬琴は蔦重のことを『近世物之本江戸作者部類』でこう評した。

「世に吉原に遊びて産を破るものは多けれど、吉原より出て大賈《たいこ》（筆者注・大商人、豪商の意）になりたるはいと得がたし」

寛政十年、蔦重は蔦唐丸の撰として遺作を発表している。『賽山伏狐修怨《にたやまぶしきつねのしかえし》』がそれで挿絵は重政が担当した。

この黄表紙、実は馬琴が傀儡子《かいらいし》の名で代作したものだった。馬琴としては心づくしの手向けということなのだろう。彼のみならず、天明から寛政期にかけて名を成した文人墨客で蔦重の息がかからぬ者はなかった――。

前に触れたとおり、蔦重夫妻は子を生《な》さなかった。

蔦屋耕書堂は番頭だった勇助が継承している。『蔦重出版書目』には天保年間（一八三〇～四四）の刊行物までが収録され、はっきり年号のわかるのは天保十四（一八四三）年が最後になっている。天保時代といえば、文化文政期に再び豪奢な世情に戻ったのを咎めるように、水野忠邦による厳しい改革が行われている。

そんな時代の逆風もあったのだろう。残念なことに二代目以降の蔦屋重三郎は初代創業者に伍する仕事をしていない。というより、蔦重に匹敵する活躍をした本屋が他にあっただろうか。

蔦屋重三郎は稀代の本屋、マルチな才を縦横に発揮し反骨精神も旺盛だった。

太く、濃く、そして狙いを違わず――蔦重は戯家の時代を駆け抜けてみせた。

後書き

本書は私にとって、蔦屋重三郎について記した二冊目の書籍になる。

一冊目の〝開板〟は平成二十八（二〇一六）年、『稀代の本屋　蔦屋重三郎』（草思社）だった。この本は三年後に文庫化されている。それまで、蔦重の半生を俯瞰しながら、彼が深く関わった文人墨客たちを登場させた小説はなかった。いみじくも、この作品が蔦重の名を知らしめる役にたったとしたら、少しは胸を張りたくなってくる――。

とはいえ、蔦重が今、大きな注目を浴びるきっかけは他にあるようだ。

なかんずく、令和七（二〇二五）年のNHK大河ドラマの主人公に抜擢されたことは見逃せまい。NHKの発表は令和五年四月、たちまち「蔦屋重三郎って誰だ?」「何をした人?」の声が満ちた。TSUTAYAと混同されることも多かったようで、知名度という点でいえば、これもまた仕方のないことではあった。しかし、大河ドラマや出演する役者のファンたちが、江戸の文芸、浮世絵などに興味を抱くのは蔦重にとっても果報というべきだろう。

かくいう私も、時ならぬ蔦重再発見の機運に乗ずることになった。

新潮選書編集部から、お声がけをいただいたのは令和五年の初夏だったと記憶している。同一テーマで執筆することは初めてではないものの、蔦重ほど深入りすることになった題材は珍しい。ことに本書は「新潮選書」という性格上、歴史的事実や文献をできるだけ精査せねばならない。

蔦重の軌跡や彼が生きた時代を再考証、点検するのは予想していたよりずっと愉しく、知的興奮に満ちていた。じっくり資料と向き合う時間がとれたことで、新たな発見や見落としていたあれこれを拾い上げることができた。本書にはそういった要素をふんだんに盛り込んである。

こうして再び、しかも重層的に蔦重を追いかけていくと、改めて彼の姿が浮かび上がってくる。江戸の文化史でいえば、蔦重は出版活動を通じて「化政文化」の端緒を開き、礎を築いてみせた。蔦重はプランニング、プロデュース能力に傑出していただけでなく、パトロンとして才能、人材の育成、庇護に貢献している。それに仕事ぶりが用意周到かつ丁寧だった。山東京伝や喜多川歌麿への取り組みはその好例。蔦重がもう少し長生きしていれば葛飾北斎や曲亭馬琴、十返舎一九、あるいは本居宣長ともおもしろい事をやらかしたはず。それが残念でならない。

そんな蔦重に通底する二本の柱が「戯家《たわけ》」であり「反骨」だ。蔦重は田沼意次や松平定信らの為政に呼応、あるいは刃向かうことで存在感を発揮した。蔦屋耕書堂の開板物は戯家と反骨の精神に貫かれ、諷刺、諧謔、滑稽、穿ち、韜晦などが練り込まれている。蔦重は決して田沼意次の重商主義、華美に傾く世情を賛美していない。まして言論統制に邁進する定信には徹底的に抗った。このように、蔦重が時代への透徹した視座を失わなかった点は高く評価したい。

令和の世に脚光を浴びることとなった江戸の本屋——。

本書が蔦屋重三郎の魅力と功績を知らしめる一助となれば、それに勝るよろこびはない。

令和六年初秋

増田晶文（ますだ まさふみ）

文中に明記したものも含め、以下の文献を参考にした。

「蔦重」全般

鈴木俊幸『新版　蔦屋重三郎』平凡社ライブラリー、二〇一二年
鈴木俊幸『蔦重出版書目』青裳堂書店、一九九八年
鈴木俊幸『絵草紙屋　江戸の浮世絵ショップ』平凡社選書、二〇一〇年
鈴木俊幸『江戸の本づくし』平凡社新書、二〇一一年
松木寛『蔦屋重三郎』講談社学術文庫、二〇〇二年
『歌麿・写楽の仕掛け人　その名は蔦屋重三郎』サントリー美術館、二〇一〇年
「別冊太陽　蔦屋重三郎の仕事」平凡社、一九九五年

文化関連

石ノ森章太郎『新装版マンガ日本の歴史（18、19）』中公文庫、二〇〇二年
井上ひさし『手鎖心中』文春文庫、一九七五年
井上ひさし『戯作者銘々伝』ちくま文庫、一九九九年
今田洋三『江戸の本屋さん』平凡社ライブラリー、二〇〇九年
『大田南畝全集』岩波書店、一九八五〜九〇年
『喜多川歌麿』新潮日本美術文庫、一九九七年
北村鮭彦『お江戸吉原ものしり帖』新潮文庫、二〇〇五年
曲亭馬琴、徳田武校注『近世物之本江戸作者部類』岩波文庫、二〇一四年
小池正胤他『「むだ」と「うがち」の江戸絵本』笠間書院、二〇一一年

小林ふみ子『大田南畝』岩波書店、二〇一四年
佐藤至子『山東京伝』ミネルヴァ書房、二〇〇九年
瀧川政次郎『吉原の四季』青蛙選書、二〇一四年
永井義男『図説　吉原入門』学習研究社、二〇〇八年
仲田勝之助編校『浮世絵類考』岩波文庫、一九九一年
林美一『艶本研究　歌麿』『艶本研究　續歌麿』有光書房、一九六八年
山本博文『武士の人事評価』KADOKAWA、二〇一五年

写楽関連
石森章太郎『死やらく生　佐武と市捕物控』中央公論社、一九八六年
内田千鶴子『写楽を追え』イースト・プレス、二〇〇七年
榎本雄斎『写楽』新人物往来社、一九六九年
島田荘司『写楽　閉じた国の幻』新潮社、二〇一〇年
「別冊太陽　写楽」平凡社、二〇一一年
『写楽』（DVD）篠田正浩監督、東宝、二〇〇八年

枕絵関連
白倉敬彦『春画と人びと』青土社、二〇一四年
白倉敬彦、田中優子他『浮世絵春画を読む』（上）（下）中公叢書、二〇〇〇年
白倉敬彦『江戸の春画』洋泉社、二〇一一年
林美一『江戸艶本への招待』河出書房新社、二〇一一年

新潮選書

蔦《つた》屋《や》重《じゅう》三《ざぶ》郎《ろう》　江戸《えど》の反骨《はんこつ》メディア王《おう》

著　者……………… 増田《ますだ》晶文《まさふみ》

発　行……………… 2024年10月25日

発行者……………… 佐藤隆信
発行所……………… 株式会社新潮社
〒162-8711 東京都新宿区矢来町71
電話　編集部 03-3266-5611
　　　読者係 03-3266-5111
https://www.shinchosha.co.jp
シンボルマーク／駒井哲郎
装幀／新潮社装幀室
印刷所……………… 株式会社三秀舎
製本所……………… 株式会社大進堂

乱丁・落丁本は、ご面倒ですが小社読者係宛お送り下さい。送料小社負担にてお取替えいたします。価格はカバーに表示してあります。

ISBN978-4-10-603917-1 C0323